小学校の国語

丸暗記しなくてもいい

語彙力アップ直結問題集

中学受験専門塾ジーニアス
松本亘正 監修
片岡上裕 著

実務教育出版

はじめに

どうすれば国語の成績が上がるかと相談したときに、「読解力を上げるには語彙力を増やしてください」「語彙力を鍛えてください」というアドバイスはよく耳にすると思います。そして、単語帳のようなものを使って学習する、意味調べをする、調べた意味をノートにまとめる、本を読むなど様々な学習法を紹介されるのではないでしょうか。

そういった学習を否定するつもりはありません。ただ、「言葉の意味を覚える」だけで「読解力」が劇的に向上するのか、と言われるとそこには疑問が残ります。それだけでは足りないものがある気がしてなりません。

子どもたちが漢字テストを受けている様子を見ていると、「師事」と書くべきところに「支持」と書いていたり、「指示」と書いていたりします。もちろん、答えがわからず自分の知っている言葉を解答した、ということもあると思います。しかし、僕は同時に「意味を知っているのに間違えた」というケースも多く見てきました。つまり、僕たち大人が考えている以上に子どもたちは「文脈をよく読まず」反射的に解答しているのです。だから、**本当の意味で語彙力を高めるには「覚えること」に加えて、「文脈をたどる力」が必要です。**その力がないと、覚えたものが正しく活用されないのです。

本書は「語彙力アップ直結問題集」であり、文字どおり「語彙」に焦点をあてた内容になりました。先述したように、語彙に関する単語帳のようなものはすでに世に多く存在しています。収録数も多く、網羅性に長けているすばらしい本も多くありますから、「多くの言葉の意味を覚える」ことはそちらにお任せします。ならば、なすべきことは？

その答えは**「推測力」**でした。子どもたちの「文脈をもとに考える力」を養うことを目的としたい、そう考えました。

◆語彙力アップに必要なもの

大前提として「語彙の意味を覚える」ことは必要です。ただ、厳密さにこだわりすぎず、意味をとらえる程度でいいので学習しましょう。「覚えなくても大丈夫!」とまでは言えません。だから、この本でも意味に触れています。しかしながら、言葉というのは意味が一つとは限りません。国語の問題にもよくありますよね、「適当なものを選びなさい」って。あれは「いい加減」という意味ではないですよね。「ちょうどいいもの」という意味で使われています。でも、「適当」という言葉は確かに「テキトー」というようによくない意味も持ち合わせています。それでは、どのようにして意味を定めて読めばいいのでしょうか。

新学年の初回授業で、ホワイトボードに「□肉□食」と書いて、「何が入ると思う?」なんて聞いてみることがあります。すると、子どもたちから口々に「弱肉強食」や「焼肉定食」という言葉が発せられます。「じゃあ答えが一つだとしたら何が入る?」と問うと、今度は「わからない」「決められない」と返ってきます。そうなんです、そのとおりです。そこで、ホワイトボードに「私が昨日食べたのは」と書き足します。すると、当然答えは確定します。このように、言葉というものはそれ自体ではなく、前後の内容によって定められます。僕が「この漢字練習、適当にやったでしょ」と言うときはよくない意味ですし、授業で「適当なものを選ぶんだよ」と言うときは、よい意味です。つまり、語彙力を高めるには「暗記」だけではなく、前後の文脈から意味を「推測する力」がなくては、せっかく意味を覚えてもその努力は発揮されない、ということなのです。

ましてや、すべての語彙を完璧に覚えるというのは不可能に近い行為です。だから、文章を読んでいて知らない言葉に出合うことはきっとなくなりません。そのとき、前後の内容から「こういう意味で使われているのだろう」とアタリをつけて読む、ということもまた実践的な力です。

本書では、そういった「推測力」に焦点をあてました。

本書の使い方

①から⑤まで順番にやりましょう。10個ごとにチェックテストもあるので、そちらも活用してください。全て終えたあとには、総復習用のチェックテストもあるので、取りくんでみましょう。

2 推測力アップ② **入試に出た文章に挑戦！**

（主な出題校　海城中学校）

前後の内容を手がかりにして、意味を推測しよう。

歩いていると、グラウンドの野球部やサッカー部の声がどんどん遠くなっていく。今日は世界がうっすらと黄色くて、遠くの山がぼやけて見えた。春はいつもそうだ。すべての輪郭があいまいになる。

（寺地はるな『水を縫う』／集英社）

③ 入試問題にぶつかる

手がかり はココ！

歩いていると、グラウンドの野球部やサッカー部の声がどんどん遠くなっていく。今日は世界がうっすらと黄色くて、遠くの山がぼやけて見えた。春はいつもそうだ。すべての輪郭があいまいになる。

ヒント 「は」とあるから「今日」や「春」に起きることだね。

3 語彙力アップ① 意味を確認しよう！

曖昧…不明確なところがあって、的確に判断できないことやはっきりしないこと。

類（似た意味の言葉）

4 語彙力アップ② 仕上げのミッション！

今回出てきた言葉を使って文を作成してみよう。「主語と述語の対応」「状況や内容を説明しているか」「句読点を打っているか」などに気をつけて、相手に通じるように書こう。言葉の形は変わっても大丈夫だよ（例：うかがう→うかがった）。

答えは194ページ

4 意味を覚える

5 言葉を使って文を書いてみる

さいごに

さて、ここまでがプロローグでした。次からいよいよ本編に入ります。「え？ プロローグなんて言葉知らないよ！」という声が聞こえてきそうですね。でも、大丈夫です。「次からは本編」と書いてあるんだから、「今までは？」。ね、イメージできましたよね。そういう発想で、どんどん「推測力」を養っていきましょう！ この本が、みなさんの読解力形成に役立てば、国語講師として本望です。

2で引用した文章には、読者の年齢を考慮し、適宜ふりがなや注釈を挿入しています。

この本の登場人物

片岡先生
バイブルにしている本
田村秀行先生の問題集
トレードマークのメガネ
子どもたちの勉強の様子を鋭く観察している
趣味
・読書
・映画鑑賞
・音楽鑑賞
・格闘技鑑賞
アツイハート
子どもの可能性は∞(無限)
カオリ
好きな教科
・算数はキライ
・国語は好き
幼なじみ
ヒロ
好きな教科
・国語はキライ
・算数は好き
趣味
・読書
最近の悩み
苦手だった国語の「読解問題」も克服。ただ、少しずつ難しくなっていく文章におびえている…。知らない言葉を覚えることに苦戦中。
趣味
・サッカー
最近の悩み
もともと好きではなかった国語が最近もっと好きではなくなってきた。何からやっていいのかわからない、お手上げ状態…。

もくじ

01 曖昧（あいまい）

この言葉、
知ってる？

1 推測力アップ① まずは、マンガで推測！

どういう状況を表す言葉なのか、イメージしながら読もう。

今日社会でさ
日本の文化は「はっきりしない」って習ったんだよ
そうなの？
へー
いちいち理由を細かく言わない…
うんうん
よい文化だよなぁ！
宿題をやらない理由は細かく教えてほしいけどねぇ
ゴゴゴゴ

2 推測力アップ② 入試に出た文章に挑戦！

（主な出題校　海城中学校）

前後の内容を手がかりにして、意味を推測しよう。

歩いていると、グラウンドの野球部やサッカー部の声がどんどん遠くなっていく。今日は世界がうっすらと黄色くて、遠くの山がぼやけて見えた。春はいつもそうだ。すべての輪郭があいまいになる。

（寺地はるな『水を縫う』／集英社）

ヒント

それ以外…はっきりしている

春 ↔ 今日……世界がうっすらぼやけて見える＝あいまい

手がかり はココ！

歩いていると、グラウンドの野球部やサッカー部の声がどんどん遠くなっていく。今日は世界がうっすらと黄色くて、遠くの山がぼやけて見えた。春はいつもそうだ。すべての輪郭があいまいになる。

ヒント 「は」とあるから「今日」や「春」に起きることだね。

ヒント 「そう」の内容が「あいまい」とつながりそうだね。その内容は「うっすらと〜ぼやけて見えた」だね。

3 語彙力アップ❶ 意味を確認しよう！

曖昧…不明確なところがあって、的確に判断できないことやはっきりしないこと。

さらに語彙力アップ！

類（似た意味の言葉）

不確か　うやむや

あやふや　漠然

4 語彙力アップ❷ 仕上げのミッション！

今回出てきた言葉を使って文を作成してみよう。「主語と述語の対応」「状況や内容を説明しているか」「句読点を打っているか」などに気をつけて、相手に通じるように書こう。言葉の形は変わっても大丈夫だよ（例：うかがう→うかがった）。

答えは194ページ

シークレット・ミッション！

日常の中で「曖昧」だと感じた場面を思い浮かべよう！

02 欺く（あざむく）

1 推測力アップ① まずは、マンガで推測！

どういう状況を表す言葉なのか、イメージしながら読もう。

2 推測力アップ② 入試に出た文章に挑戦！

（主な出題校　市川中学校）

前後の内容を手がかりにして、意味を推測しよう。

この種のマス・フットボールでは、共同体全域がいわば舞台となり、球の運搬を阻止するための殴り合いやら敵を欺くための球の隠し合いなども珍しくなく、決着までに半日は要していたらしい。

（鈴木透『スポーツ国家アメリカ』／中公新書）

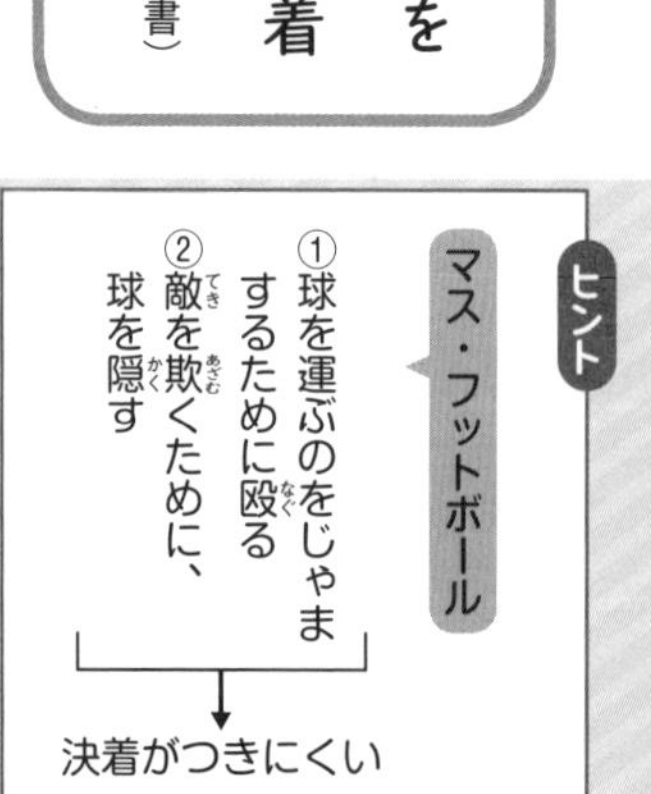
ヒント

マス・フットボール

①球を運ぶのをじゃまするために殴る
②敵を欺くために、球を隠す

↓

決着がつきにくい

手がかりはココ！

この種のマス・フットボールでは、共同体全域がいわば舞台となり、球の運搬を阻止するための殴り合いやら敵を欺くための球の隠し合いなども珍しくなく、決着までに半日は要していたらしい。

ヒント 何の目的で球を隠したんだろう？

3 語彙力アップ❶ 意味を確認しよう！

欺く…❶相手をだます。❷他のものと負けずに張り合う。

4 語彙力アップ❷ 仕上げのミッション！

今回出てきた言葉を使って文を作成してみよう。「主語と述語の対応」「状況や内容を説明しているか」「句読点を打っているか」などに気をつけて、相手に通じるように書こう。言葉の形は変わっても大丈夫だよ（例：うかがう→うかがった）。

答えは194ページ

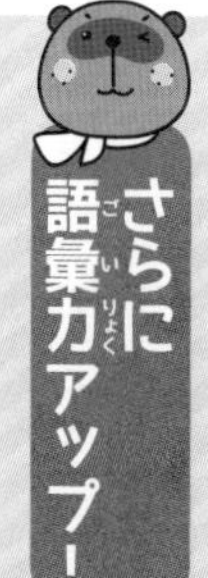

類 だます　ごまかす　いつわる

●共同体…集団。
●阻止…防ぐこと。

シークレット・ミッション！

「欺く」という言葉を会話の中で使ってみよう！

03 萎縮（いしゅく）

1 推測力アップ① まずは、マンガで推測！

どういう状況を表す言葉なのか、イメージしながら読もう。

漢字から想像できるかな？

今回のテストも30点だった…
あんたは勉強してないからでしょ
グサッ
宿題だってサッカーを言い訳にやらないし
グサッ
だいたいあんたってさぁ
もうそのへんで許してあげて…
ちんまり

2 推測力アップ② 入試に出た文章に挑戦！

前後の内容を手がかりにして、意味を推測しよう。

（主な出題校　女子学院中学校）

居場所がない、身の置きどころがない、ひとりはじき出されている感じがする、まるでじぶんの存在が消え入る点になったみたいに……。そんな心細い思いが、人をしばしば蝕む。ずっと長くそんな不安な思いに沈み込んだままの人もいる。存在のこうした萎縮は、人が「つくる」といういとなみから外れたところで起こるのではないかと、このところ思いはじめている。

（鷲田清一『濃霧の中の方向感覚』／晶文社）

手がかりはココ！

居場所がない、身の置きどころがない、ひとりはじき出されている感じがする、まるでじぶんの存在が消え入る点になったみたいに……。そんな心細い思いが、人をしばしば蝕む。ずっと長くそんな不安な思いに沈み込んだままの人もいる。存在のこうした萎縮は、人が「つくる」といういとなみから外れたところで起こるのではないかと、このところ思いはじめている。

ヒント　「そんな心細い思い」「そんな不安な思い」は何を指している？

ヒント　「こうした」でまとめられている「存在」はどんな意味をなすのだろう？　一行目が手がかりだ。

3 語彙力アップ① 意味を確認しよう！

萎縮…（恐れや寒さなどが理由となり）体や気持ちが縮こまったり、元気がなくなったりすること。

4 語彙力アップ② 仕上げのミッション！

今回出てきた言葉を使って文を作成してみよう。「主語と述語の対応」「状況や内容を説明しているか」「句読点を打っているか」などに気をつけて、相手に通じるように書こう。言葉の形は変わっても大丈夫だよ（例：うかがう→うかがった）。

答えは194ページ

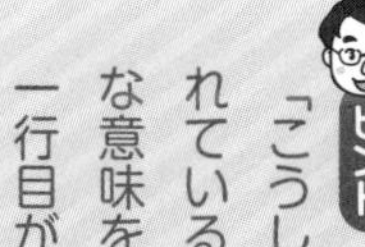

さらに語彙力アップ！

●蝕む…少しずつ傷を負わせていく。

シークレット・ミッション！

「萎縮」という言葉を会話の中で使ってみよう。

04 いたずらに

1 推測力アップ① まずは、マンガで推測！

どういう状況を表す言葉なのか、イメージしながら読もう。

2 推測力アップ② 入試に出た文章に挑戦！

（主な出題校　海城中学校）

前後の内容を手がかりにして、意味を推測しよう。

これまでは「強い」リーダーが発言力を高めていました。しかし、これからは、いたずらに「強がる」リーダーではなく、真の意味で「弱さ」を受け入れることのできる「弱い」リーダーこそが、人々と深いところでつながるのではないかと思うのです。

（若松英輔『弱さのちから』／亜紀書房）

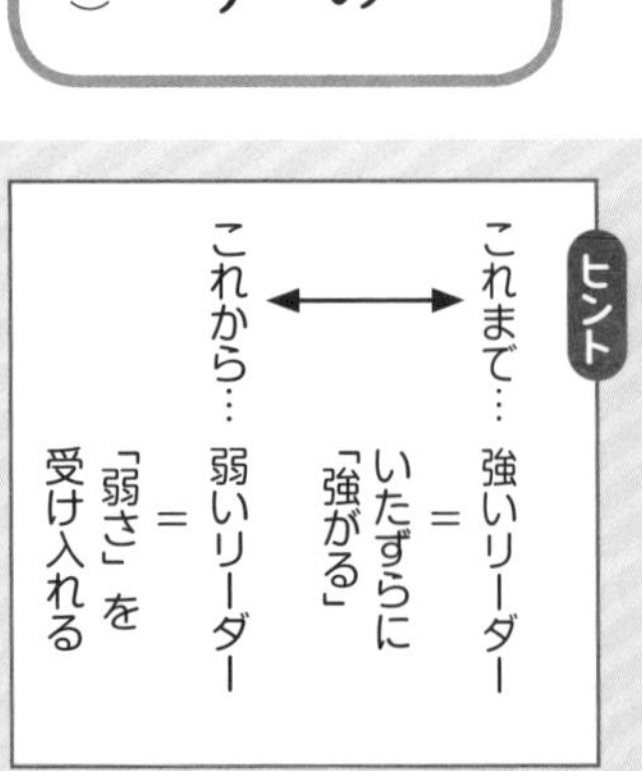

手がかりはココ！

これまでは「強い」リーダーが発言力を高めていました。しかし、これからは、いたずらに「強がる」リーダーではなく、真の意味で「弱さ」を受け入れることのできる「弱い」リーダーこそが、人々と深いところでつながるのではないかと思うのです。

ヒント 「は」や「しかし」があるから、これも対比になっているな。「これまで」と違うところはどこだろう？

ちなみに漢字で書くと「徒に」だよ。悪さをする「悪戯」とは漢字が違うぞ。

3 語彙力アップ❶ 意味を確認しよう！

いたずらに…無駄に。むなしく。何の効果も利益もないさま。

4 語彙力アップ❷ 仕上げのミッション！

今回出てきた言葉を使って文を作成してみよう。「主語と述語の対応」「状況や内容を説明しているか」「句読点を打っているか」などに気をつけて、相手に通じるように書こう。言葉の形は変わっても大丈夫だよ（例：うかがう→うかがった）。

答えは194ページ

シークレット・ミッション！

「いたずらに」を会話の中で自然に使ってみよう。

05 いたたまれない

1 推測力アップ① まずは、マンガで推測！

どういう状況を表す言葉なのか、イメージしながら読もう。

おーい！
おお、ヒロ君
いや…先生の後ろにいるジュンに手をふったんだけど…
逃げ出したい……！
あるあるな失敗…

聞いたことのある言葉かな？

2 推測力アップ② 入試に出た文章に挑戦！

（主な出題校　駒場東邦中学校）

前後の内容を手がかりにして、意味を推測しよう。

「昨日の子だよな。ホントにきてくれたんだ。……中学生？　学校はどうしたの」その少し困った顔を見て、気づいてしまった。見学に誘ってくれたのは、未成年を家に帰すための方便で、学校があってこられないと見越した上でのことだったのか。いたたまれなくなったシッカが踵を返す前に、岬はふふっと笑った。

（黒川裕子『夜の間だけ、シッカは鏡にベールをかける』／講談社『わたしを決めつけないで』所収）

手がかりはココ！

「昨日の子だよな。ホントにきてくれたんだ。……中学生？　学校はどうしたの」その少し困った顔を見て、気づいてしまった。見学に誘ってくれたのは、未成年を家に帰すための方便で、学校があってこられないと見越した上でのことだったのか。いたたまれなくなったシッカが踵を返す前に、岬はふふっと笑った。

ヒント　何に気づいてしまったのだろうね。

ヒント　自分に向けられたうそ（方便）を本気にして見学に来たことで「いたたまれなくなった」んだね。「いたたまれない」のイメージは湧いたかな？

3 語彙力アップ① 意味を確認しよう！

いたたまれない…（はずかしいなどの気持ちによって）もう、その場にじっとしていられない。

4 語彙力アップ② 仕上げのミッション！

今回出てきた言葉を使って文を作成してみよう。「主語と述語の対応」「状況や内容を説明しているか」「句読点を打っているか」などに気をつけて、相手に通じるように書こう。言葉の形は変わっても大丈夫だよ（例：うかがう→うかがった）。

答えは194ページ

さらに語彙力アップ！

●**踵を返す**…やって来た道を引き返す。ちなみに、踵はかかとのこと。

「いたたまれなくなって」など形を変えても大丈夫。

シークレット・ミッション！

「いたたまれない」という言葉を出来事と合わせて会話の中で使ってみよう。

06 一概に（いちがいに）

1 推測力アップ① まずは、マンガで推測！

どういう状況を表す言葉なのか、イメージしながら読もう。

2 推測力アップ② 入試に出た文章に挑戦！

（主な出題校　洗足学園中学校）

前後の内容を手がかりにして、意味を推測しよう。

こうした事情があるために、「わたしたちはつねに知覚世界のなかで生きている」といえるにしても、その世界のあり方は多様であり、**一概**に語ることはできない。

（村田純一『哲学　はじめの一歩　楽しむ』／春風社）

手がかり **はココ！**

こうした事情があるために、「わたしたちはつねに知覚世界のなかで生きている」といえるにしても、その世界のあり方は多様であり、一概に語ることはできない。

ヒント 難しい言葉ではあるけれど、「世界は多様」だから「どんなふうに」「語ることはできない」のか、を考えてみよう。

ヒント 難しいけれど「知覚」とは僕たちがもっている「感覚」のことで、その感覚によって理解している現実が「知覚世界」だ。

3 語彙力アップ❶ 意味を確認しよう！

一概に…全て同じものとしてあつかうこと。一口に言うと。

ちなみに、「一概に〜ない」という形でよく出てくるぞ。

4 語彙力アップ❷ 仕上げのミッション！

今回出てきた言葉を使って文を作成してみよう。「主語と述語の対応」「状況や内容を説明しているか」「句読点を打っているか」などに気をつけて、相手に通じるように書こう。言葉の形は変わっても大丈夫だよ（例：うかがう→うかがった）。

答えは194ページ

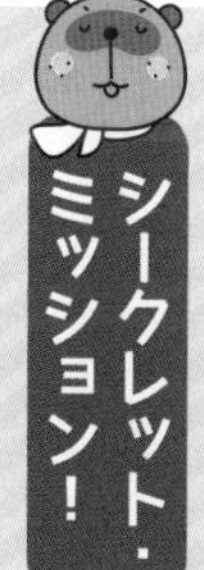

シークレット・ミッション！

会話の中で「一概に」を自然に使ってみよう！

07 逸脱（いつだつ）

1 推測力アップ❶

まずは、マンガで推測！ どういう状況を表す言葉なのか、イメージしながら読もう。

2 推測力アップ❷

入試に出た文章に挑戦！（主な出題校　麻布中学校）

前後の内容を手がかりにして、意味を推測しよう。

いつもなら、注意されることはあっても先生の目はあたたかい。しょうがないわねえ、と笑っている。でも、今日は違った。基本形を逸脱しためちゃくちゃな花がよほど腹に据えかねたらしく、剣山から私の花をぐざぐざ抜いた。

（宮下奈都『まだまだ、』／光文社文庫『つぼみ』所収）

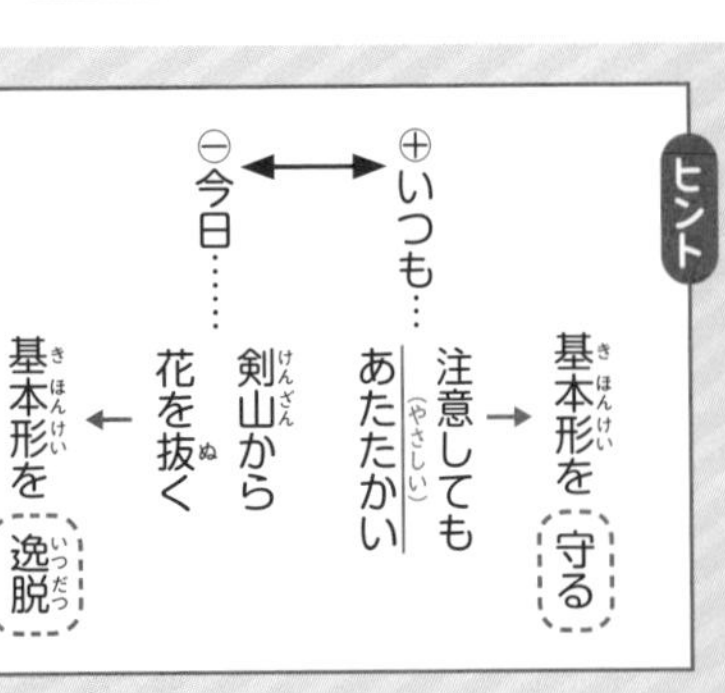
ヒント

⊕いつも…… 基本形を［守る］→ 注意しても（やさしい）あたたかい

⊖今日…… 剣山から花を抜く ← 基本形を［逸脱］

手がかりはココ！

いつもなら、注意されることはあっても先生の目はあたたかい。しょうがないわねえ、と笑っている。でも、今日は違った。基本形を逸脱しためちゃくちゃな花がよほど腹に据えかねたらしく、剣山から私の花をぐざぐざ抜いた。

ヒント 比べているね。どう違う？

ヒント 「逸脱」した結果が「基本形」ではない、「めちゃくちゃ」なものだね。ちなみに「剣山」は花を生ける道具のことだよ。

3 語彙力アップ❶ 意味を確認しよう！

逸脱…（本筋から）それること。ルールを破ること。

4 語彙力アップ❷ 仕上げのミッション！

今回出てきた言葉を使って文を作成してみよう。「主語と述語の対応」「状況や内容を説明しているか」「句読点を打っているか」などに気をつけて、相手に通じるように書こう。言葉の形は変わっても大丈夫だよ（例：うかがう→うかがった）。

答えは194ページ

さらに語彙力アップ！

●腹に据えかねる…怒りをおさえられない。

シークレット・ミッション！

「逸脱」してもいいことや悪いことを考えて、おうちの人に伝えてみよう。

08 うかがう

1 推測力アップ❶ まずは、マンガで推測！

どういう状況を表す言葉なのか、イメージしながら読もう。

2 推測力アップ❷ 入試に出た文章に挑戦！

（主な出題校　栄光学園中学校）

前後の内容を手がかりにして、意味を推測しよう。

母親は（中略）お見通しだろう。悟志のことを厳しく叱るか、もしかしたら叩くかもしれない。「自分がやられたらどんな気持ちになるか、よく考えなさい。」兄弟げんかをするたびにそう叱られて、ふたりともが頭を叩かれる。今は先生たちの手前、悟志の顔をちらちらと窺っているだけだ。

（神田茜『クリームシチュー』／集英社文庫『母のあしあと』所収）

ヒント

いつも…厳しく叱る　叩く　→　行動する
↕
今……先生たちがいる　←　悟志の顔を窺うだけ　→　行動できない

手がかりはココ!

母親は（中略）お見通しだろう。悟志のことを厳しく叱るか、もしかしたら叩くかもしれない。「自分がやられたらどんな気持ちになるか、よく考えなさい。」兄弟げんかをするたびにそう叱られて、ふたりともが頭を叩かれる。今は先生たちの手前、悟志の顔をちらちらと窺っているだけだ。

ヒント　今「は」とあるので、どうやらいつもとは違うみたいだ。

ヒント　お母さんがどんな様子かイメージしてみよう。

3 語彙力アップ❶ 意味を確認しよう!

うかがう…注意深く様子を観察する。

4 語彙力アップ❷ 仕上げのミッション!

今回出てきた言葉を使って文を作成してみよう。「主語と述語の対応」「状況や内容を説明しているか」「句読点を打っているか」などに気をつけて、相手に通じるように書こう。言葉の形は変わっても大丈夫だよ（例：うかがう→うかがった）。

答えは194ページ

「うかがった」など形を変えても大丈夫。漢字では「窺う」と書くよ。

シークレット・ミッション!

会話の中で「うかがう」という言葉を使ってみよう。

09 うかつ

1 推測力アップ① **まずは、マンガで推測！** どういう状況を表す言葉なのか、イメージしながら読もう。

じゃあ次の問題
これは条件チェックが大事だね
「ふさわしくないもの」を選ぶんだぞ
ふむふむ
ヤバッ！
ふさわしいもの選んじゃったよ〜
どうりで正解がいくつもある気がしたんだよな
そういうミスはしないように！
はーい

2 推測力アップ② **入試に出た文章に挑戦！**（主な出題校　吉祥女子中学校）

前後の内容を手がかりにして、意味を推測しよう。

普段から『科学』派で、宇宙に関する本だっていっぱい読んでる妹は、私より、今もずっとたくさんのことを考えて、感動しながら星空を眺めているかもしれない。そう考えたら、うかつに声をかけてはいけない気がした。

（辻村深月『家族シアター』／講談社文庫）

手がかりはココ！

普段から『科学』派で、宇宙に関する本だっていっぱい読んでる妹は、私より、今もずっとたくさんのことを考えて、感動しながら星空を眺めているかもしれない。そう考えたら、うかつに声をかけてはいけない気がした。

ヒント 妹をそっとしておきたい感じがわかるかな。どんなふうに声をかけるのがダメなのだろう。ちなみに、この言葉の意味は実際の入試でも聞かれたんだぞ。

ヒント 「私」と「妹」が対比されているね。「妹は感動しながら星空を眺めている」と「私」は考えているんだな。

3 語彙力アップ① 意味を確認しよう！

うかつ … 不注意なこと。

4 語彙力アップ② 仕上げのミッション！

今回出てきた言葉を使って文を作成してみよう。「主語と述語の対応」「状況や内容を説明しているか」「句読点を打っているか」などに気をつけて、相手に通じるように書こう。言葉の形は変わっても大丈夫だよ（例：うかがう→うかがった）。

答えは194ページ

「うかつだった」などでもいいよ。

シークレット・ミッション！

「うかつ」という言葉を出来事と合わせて会話の中で自然に使ってみよう。

10 有頂天（うちょうてん）

1 推測力アップ① まずは、マンガで推測！

どういう状況を表す言葉なのか、イメージしながら読もう。

漢字テスト百点！
漢字テスト
カオリは？
90点だけど
俺百点！　俺百点！
百点ということは自動的にクラスで一位だなぁ
ハナタカ～
次でつぶしてやる…
ボソ…

2 推測力アップ② 入試に出た文章に挑戦！

（主な出題校　吉祥女子中学校）

前後の内容を手がかりにして、意味を推測しよう。

彼女の登場は、それまでの日常をまるっきり違うものにしてくれた。なにせ小学校入学以来はじめて同級生を得たわけで、天から降ってきたこのプレゼントにわたしは有頂天になった。

（眞島めいり『みつきの雪』／講談社）

手がかりはココ！

彼女の登場は、それまでの日常をまるっきり違うものにしてくれた。なにせ小学校入学以来はじめて同級生を得たわけで、天から降ってきたこのプレゼントにわたしは有頂天になった。

ヒント 「このプレゼント」は「彼女の登場」のことだとわかるぞ。

ヒント 「彼女の登場」によって、「同級生がいなかった日常」が「大きく変わった」ようだな。それを受けて、どういう様子になるのかな？

3 語彙力アップ❶ 意味を確認しよう！

有頂天…大得意になり、夢中になっていること。

4 語彙力アップ❷ 仕上げのミッション！

今回出てきた言葉を使って文を作成してみよう。「主語と述語の対応」「状況や内容を説明しているか」「句読点を打っているか」などに気をつけて、相手に通じるように書こう。言葉の形は変わっても大丈夫だよ（例：うかがう→うかがった）。

答えは194ページ

シークレット・ミッション！

「有頂天」になった出来事をおうちの人に聞いてみよう。

チェックテスト①

語彙01～10

その1 言葉と意味が正しい組み合わせになるように、線で結びましょう。

曖昧(あいまい) ●	● 相手をだます
欺く(あざむく) ●	● 縮(ちぢ)こまったり、元気がなくなったりすること
萎縮(いしゅく) ●	● 無駄(むだ)に。むなしく
いたずらに ●	● その場にじっとしていられない
いたたまれない ●	● はっきりしないこと

その2 次の文を読み、正しい言葉の使われ方であれば○、そうでなければ×と答えましょう。

（　）友達が多いほうが幸せだとは一概（いちがい）には言えないだろう。

（　）「ちょっとそこの逸脱（いつだつ）取って」と先生に頼（たの）まれてしまった。

（　）塾（じゅく）のテスト結果を話す前に、母の顔色をうかがう。

（　）うかつに勉強して、漢字テストは満点だった。

（　）今日は失敗ばかりで、気分が有頂天（うちょうてん）になってしまう。

答えは194〜195ページ

11 うつろう

1 推測力アップ① まずは、マンガで推測！

どういう状況を表す言葉なのか、イメージしながら読もう。

春って明るい気分になるけど
同時にさみしくもなるね……
哲学者みたいなことを言い出すね
どうしたの？
家の周りに咲いた桜もう散っちゃったんだ
あー確かにさみしい！
変わっていくことが感じさせる感情だねえ
しんみり…

2 推測力アップ② 入試に出た文章に挑戦！

前後の内容を手がかりにして、意味を推測しよう。

（主な出題校　浦和明の星中学校）

状況の美に敏感に反応する日本人は、それゆえにまた、美とは万古不易のものではなく、うつろいやすいもの、はかないものという感覚を育ててきた。うつろいやすいものであるがゆえに、いっそう貴重で、いっそう愛すべきものという感覚である。

（高階秀爾『日本人にとって美しさとは何か』／筑摩書房）

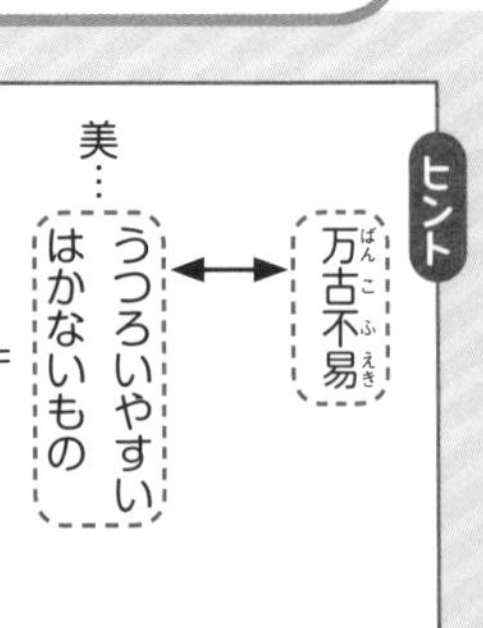

手がかり はココ！

状況の美に敏感に反応する日本人は、それゆえにまた、美とは万古不易のものではなく、うつろいやすいもの、はかないものという感覚を育ててきた。うつろいやすいものであるがゆえに、いっそう貴重で、いっそう愛すべきものという感覚である。

ヒント どんなものだから、「いっそう」（ますます）貴重であり、愛すべきものなのだろうか。

ヒント 万古不易とは「いつも変わらないこと」だね。「ではなく」とあるので、「はかない」の逆のイメージだ。

3 語彙力アップ❶ 意味を確認しよう！

うつろう… 次第に変わっていく。 次第に移り変わる。

さらに語彙力アップ！

●敏感…感覚や感度が鋭いこと。

4 語彙力アップ❷ 仕上げのミッション！

今回出てきた言葉を使って文を作成してみよう。「主語と述語の対応」「状況や内容を説明しているか」「句読点を打っているか」などに気をつけて、相手に通じるように書こう。言葉の形は変わっても大丈夫だよ（例：うかがう→うかがった）。

答えは195ページ

シークレット・ミッション！

おうちの人に「うつろう」に関するエピソードをたずねてみよう！

12 有無を言わせない（うむをいわせない）

推測力アップ❶ **まずは、マンガで推測！** どういう状況を表す言葉なのか、イメージしながら読もう。

推測力アップ❷ **入試に出た文章に挑戦！**（主な出題校　麻布中学校）

前後の内容を手がかりにして、意味を推測しよう。

「私はずっとガゼルの様子を見ているけど、何かすごくストレスをためているような所は見かけたことがないのね。だから、ガゼルはここにいたいんじゃないかと思うのよ」女性は、有無を言わせない口調で話した。

（津村記久子『河川敷のガゼル』／新潮社『サキの忘れ物』所収）

手がかりはココ！

「私はずっとガゼルの様子を見ているけど、何かすごくストレスをためているような所は見かけたことがないのね。だから、ガゼルはここにいたいんじゃないかと思うのよ」女性は、有無を言わせない口調で話した。

ヒント　「だから」は上に理由がきて、後ろに結果を結ぶ言葉だな。ガゼルがこの場所に居続けてもよい理由を話しているね。

3

語彙力アップ❶ **意味を確認しよう！**

ヒント　どういう口調だろう？「有」も「無」も言わせないようだぞ。マンガも参考にイメージしてみよう。

有無を言わせない…相手の気持ちを考えることなく、相手に物事を強いる。

4

語彙力アップ❷ **仕上げのミッション！**

今回出てきた言葉を使って文を作成してみよう。「主語と述語の対応」「状況や内容を説明しているか」「句読点を打っているか」などに気をつけて、相手に通じるように書こう。言葉の形は変わっても大丈夫だよ（例：うかがう→うかがった）。

答えは195ページ

「有無を言わせず」でもいいよ。

シークレット・ミッション！

日常の中で「有無を言わせない」場面を見つけてみよう。どんなことがあるかな？

13 裏付ける（うらづける）

1 推測力アップ❶ **まずは、マンガで推測！** どういう状況を表す言葉なのか、イメージしながら読もう。

2 推測力アップ❷ **入試に出た文章に挑戦！**（主な出題校　栄光学園中学校）

前後の内容を手がかりにして、意味を推測しよう。

羊水の中で聞いていた声はくぐもっていて、生まれ出て空気を通して聞く母の声とはずいぶん違うはずですが、新生児は自分の母の声を間違いなく認識し、他の母親の声と聞き分けることが実験によって裏付けられています。

（山﨑広子『声のサイエンス』／NHK出版新書）

手がかりはココ！

羊水の中で聞いていた声はくぐもっていて、生まれ出て空気を通して聞く母の声とはずいぶん違うはずですが、新生児は自分の母の声を間違いなく認識し、他の母親の声と聞き分けることが実験によって裏付けられています。

ヒント　実験をすることで、何が手に入るんだろう？　つまり新生児が？

3　語彙力アップ❶　意味を確認しよう！

裏付ける…事実であることを証拠などで客観的に証明する。

4　語彙力アップ❷　仕上げのミッション！

今回出てきた言葉を使って文を作成してみよう。「主語と述語の対応」「状況や内容を説明しているか」「句読点を打っているか」などに気をつけて、相手に通じるように書こう。言葉の形は変わっても大丈夫だよ（例：うかがう→うかがった）。

答えは195ページ

ヒント　「お腹の中」と「外」でお母さんの声の聞こえ方は違うのに、「自分の母の声」はわかるんだね。

さらに語彙力アップ！

●認識…理解。
●客観的…だれが見てもそう見える様子。

「裏付けられる」など形を変えても大丈夫。

シークレット・ミッション！

会話の中で「裏付ける」を使ってみよう。

14 おぞましい

1 推測力アップ❶ **まずは、マンガで推測！** どういう状況を表す言葉なのか、イメージしながら読もう。

2 推測力アップ❷ **入試に出た文章に挑戦！** （主な出題校　開成中学校）

前後の内容を手がかりにして、意味を推測しよう。

じっさい、みながこぞって心配している図というのは、みながこぞって忌避し（嫌がって避け）ている図と、図としては同じである。へこんだ存在をみなが気づかい、いたわることもあれば、それをあざ笑うことでおぞましい連帯が生まれることもある。

（鷲田清一『大事なものは見えにくい』／角川ソフィア文庫）

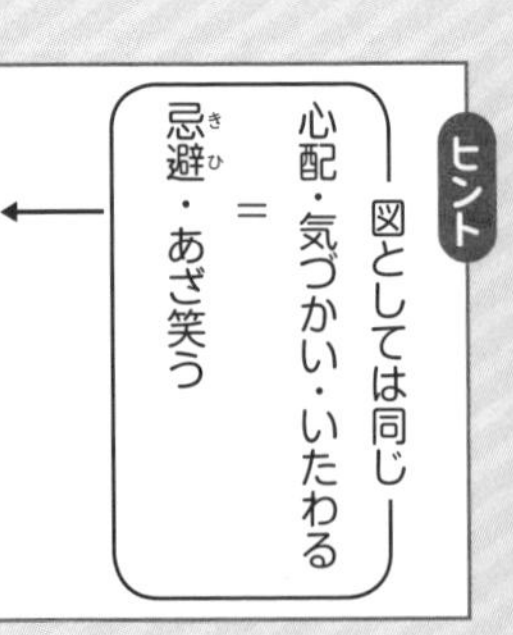

ヒント
図としては同じ
心配・気づかい・いたわる
＝
忌避・あざ笑う
→ おぞましい連帯が生まれる

手がかり はココ！

じっさい、みながこぞって心配している図というのは、みながこぞって忌避し（嫌がって避け）ている図と、図としては同じである。へこんだ存在をみなが気づかい、いたわることもあれば、それをあざ笑うことでおぞましい連帯が生まれることもある。

ヒント「へこんだ存在」とはよい意味かな？ よくない意味かな？

ヒント「へこんだ存在」をばかにしたように笑うことで生まれる連帯が「おぞましい」んだね。

3 語彙力アップ❶ 意味を確認しよう！

おぞましい…いかにもいやな感じがする様子。怖さやみにくさを感じる様子。

さらに語彙力アップ！

類 いまわしい
うとましい

4 語彙力アップ❷ 仕上げのミッション！

今回出てきた言葉を使って文を作成してみよう。「主語と述語の対応」「状況や内容を説明しているか」「句読点を打っているか」などに気をつけて、相手に通じるように書こう。言葉の形は変わっても大丈夫だよ（例：うかがう→うかがった）。

シークレット・ミッション！

会話の中で「おぞましい」という言葉を出来事と合わせて使ってみよう。

答えは195ページ

15 恩恵（おんけい）

1 推測力アップ① まずは、マンガで推測！

どういう状況を表す言葉なのか、イメージしながら読もう。

2 推測力アップ② 入試に出た文章に挑戦！

（主な出題校　渋谷教育学園渋谷中学校）

前後の内容を手がかりにして、意味を推測しよう。

　しかし、文字を獲得することによって、人間は飛躍的な広がりと加速度的な速さで、文明というものを築き上げました。そのことの功罪は無論いろいろとありますが、人類はその恩恵を受けつつ現在にいたっています。

（石川九楊『日本語の手ざわり』／新潮選書）

手がかり はココ！

しかし、文字を獲得することによって、人間は飛躍的な広がりと加速度的な速さで、文明というものを築き上げました。そのことの功罪は無論いろいろとありますが、人類はその恩恵を受けつつ現在にいたっています。

「その」の内容が「恩恵」とつながりそうだね。文明を作ったことにつながりそうだ。

「よって」の働きは大丈夫かな。「文字を手に入れたこと」が「文明を作った」理由だ、ということだね。

3 語彙力アップ① 意味を確認しよう！

恩恵…自然や他人から自分にもたらされる幸福。

さらに語彙力アップ！

類 恵み

● 功罪…よしあし。

4 語彙力アップ② 仕上げのミッション！

今回出てきた言葉を使って文を作成してみよう。「主語と述語の対応」「状況や内容を説明しているか」「句読点を打っているか」などに気をつけて、相手に通じるように書こう。言葉の形は変わっても大丈夫だよ（例：うかがう→うかがった）。

答えは195ページ

シークレット・ミッション！

日常の中で「恩恵」を感じた場面を思い浮かべよう！

16 懐疑（かいぎ）

1 推測力アップ❶ まずは、マンガで推測！

どういう状況を表す言葉なのか、イメージしながら読もう。

2 推測力アップ❷ 入試に出た文章に挑戦！

前後の内容を手がかりにして、意味を推測しよう。

（主な出題校　開成中学校）

> 困難にくじけず学問に励む大切さをしめす手本として、古来、中国の読書人たちが好んだ美談である。「蛍雪の功」という成語もここから生まれた。しかしそのいっぽうで、この故事には懐疑的な人も少なからずいた。
>
> （瀬川千秋『中国　虫の奇聞録』／大修館書店）

手がかりはココ!

ヒント　この部分が「蛍雪の功」の意味合いに近いものだ。

困難にくじけず学問に励む大切さをしめす手本として、古来、中国の読書人たちが好んだ美談である。「蛍雪の功」という成語もここから生まれた。しかしそのいっぽうで、この故事には懐疑的な人も少なからずいた。

ヒント　「この故事」は何を指しているかな? そう、「蛍雪の功」のことだ。そして、その言葉のことをどう思っているのかな? マンガも参考に考えてみよう。

3 語彙力アップ❶ 意味を確認しよう!

懐疑…(ある考えに対して)**疑い**をもつこと。

4 語彙力アップ❷ 仕上げのミッション!

今回出てきた言葉を使って文を作成してみよう。「主語と述語の対応」「状況や内容を説明しているか」「句読点を打っているか」などに気をつけて、相手に通じるように書こう。言葉の形は変わっても大丈夫だよ(例:うかがう→うかがった)。

答えは195ページ

さらに語彙力アップ!

●美談…よい話。

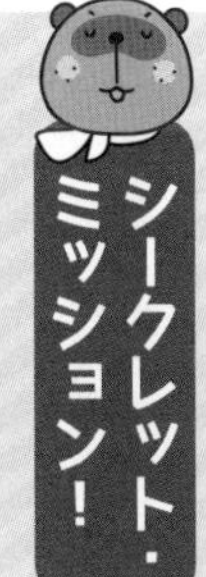

「懐疑」に思っていることをおうちの人に伝えてみよう。

17 介在（かいざい）

1 推測力アップ① まずは、マンガで推測！

どういう状況を表す言葉なのか、イメージしながら読もう。

2 推測力アップ② 入試に出た文章に挑戦！

前後の内容を手がかりにして、意味を推測しよう。

（主な出題校　渋谷教育学園渋谷中学校）

要するに、新しく開発された機械が**介在**することによって、私たちの身の回りにある言葉のあり方が、かつての「話す・書く」という範囲を超えた、一見、複雑な様相を呈しています。

（石川九楊『日本語の手ざわり』／新潮選書）

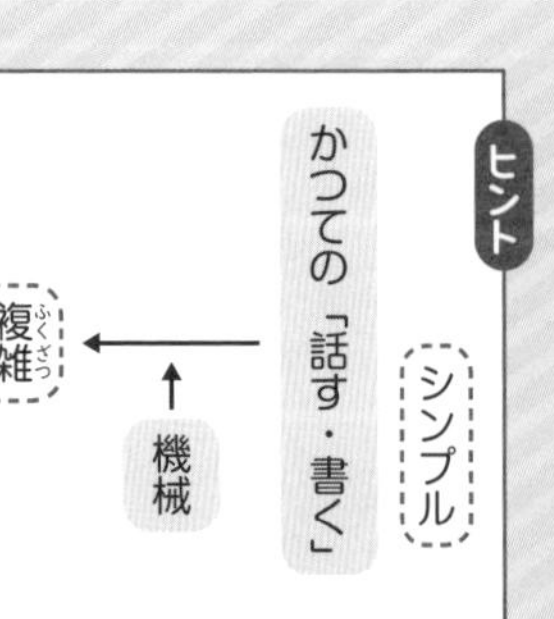

手がかり はココ！

要するに、新しく開発された機械が介在することによって、私たちの身の回りにある言葉のあり方が、かつての「話す・書く」という範囲を超えた、一見、複雑な様相を呈しています。

ヒント 「かつて」の「話す・書く」を「複雑」なものに変えたのが、「新しい機械」のようだね。

ヒント 「よって」とあるので、「介在」が理由となっていることがわかるな。

3 語彙力アップ❶ 意味を確認しよう！

介在…両者の間に、何かがはさまっていること。

さらに語彙力アップ！

● 様相を呈する…物事の状態。

4 語彙力アップ❷ 仕上げのミッション！

今回出てきた言葉を使って文を作成してみよう。「主語と述語の対応」「状況や内容を説明しているか」「句読点を打っているか」などに気をつけて、相手に通じるように書こう。言葉の形は変わっても大丈夫だよ（例：うかがう→うかがった）。

答えは195ページ

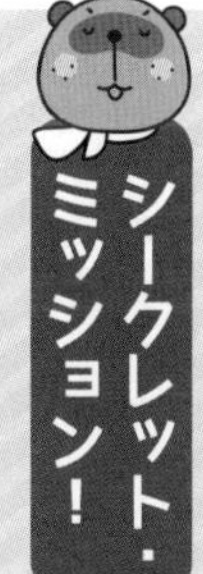

シークレット・ミッション！

おうちの人との会話で自然な形で「介在」を使ってみよう！

18 解釈（かいしゃく）

1 推測力アップ① まずは、マンガで推測！

どういう状況を表す言葉なのか、イメージしながら読もう。

あれ？
先生メガネ
変えた？
そのメガネ
かっこいいね！
メガネがいいのではない
僕がかっこいいのだ！
いや「どんな理解だ」
って突っ込んでよ…

2 推測力アップ② 入試に出た文章に挑戦！

（主な出題校　雙葉中学校）

前後の内容を手がかりにして、意味を推測しよう。

ゾウが出会ったときに、相手と鼻を絡ませ合う。それをヒトの言う挨拶のようなものだと解釈して、「あれはゾウの挨拶行動である」と断言してしまうと、実はゾウにとっては、それは挨拶でもなんでもないかもしれない。

（岩合光昭『生きもののおきて』／ちくま文庫）

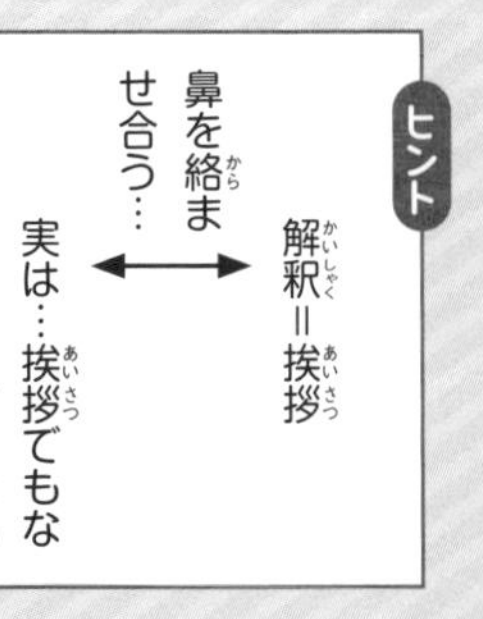

手がかり はココ！

ゾウが出会ったときに、相手と鼻を絡ませ合う。それをヒトの言う挨拶のようなものだと解釈して、「あれはゾウの挨拶行動である」と断言してしまうと、実はゾウにとっては、それは挨拶でもなんでもないかもしれない。

ヒント でもどうやら「かん違い」なのかもしれないぞ。

ヒント ゾウが鼻を絡ませ合うのを「挨拶」と考えたのかな？

3 語彙力アップ❶ 意味を確認しよう！

解釈…物事や人の行為などを自分なりに判断し、理解すること。

さらに語彙力アップ！

● **断言**…決めつけ。

4 語彙力アップ❷ 仕上げのミッション！

今回出てきた言葉を使って文を作成してみよう。「主語と述語の対応」「状況や内容を説明しているか」「句読点を打っているか」などに気をつけて、相手に通じるように書こう。言葉の形は変わっても大丈夫だよ（例：うかがう→うかがった）。

答えは195ページ

シークレット・ミッション！

「解釈」という言葉を会話の中で使ってみよう。

19 かいつまむ

1 推測力アップ① まずは、マンガで推測！

どういう状況を表す言葉なのか、イメージしながら読もう。

まずはマンガを見てみよう

2 推測力アップ② 入試に出た文章に挑戦！

（主な出題校　駒場東邦中学校）

前後の内容を手がかりにして、意味を推測しよう。

「実は、先日こんなことがありました」祥子は、荻野先生の名前を伏せて、大縄跳びのことをかいつまんで話した。話しているうちに、自信がなくなり、こんなことを言っても無駄じゃないかと額に汗が浮かんだ。

（工藤純子『あした、また学校で』／講談社）

手がかり はココ！

「実は、先日こんなことがありました」祥子は、荻野先生の名前を伏せて、大縄跳びのことをかいつまんで話した。話しているうちに、自信がなくなり、こんなことを言っても無駄じゃないかと額に汗が浮かんだ。

ヒント この言葉は、実際に入試問題でも問われたぞ。どんなふうに話したと思う？

3 語彙力アップ❶ 意味を確認しよう！

かいつまむ…細かい部分は省略して、重要なところのみをとらえる。

4 語彙力アップ❷ 仕上げのミッション！

今回出てきた言葉を使って文を作成してみよう。「主語と述語の対応」「状況や内容を説明しているか」「句読点を打っているか」などに気をつけて、相手に通じるように書こう。言葉の形は変わっても大丈夫だよ（例：うかがう→うかがった）。

答えは195ページ

シークレット・ミッション！

今日起きたことを「かいつまんで」説明してみよう。

20 皆無（かいむ）

1 推測力アップ① まずは、マンガで推測！

どういう状況を表す言葉なのか、イメージしながら読もう。

2 推測力アップ② 入試に出た文章に挑戦！

前後の内容を手がかりにして、意味を推測しよう。

（主な出題校　芝中学校）

アフリカに行ったからといって論文のネタとなる新発見ができる保証はどこにもない。なぜなら、室内の実験設備が整っておらず、研究の全ては野外で行われるからだ。自分の運命を自然に委ねるのは、あまりにも危険すぎた。しかし、日本には、給料をもらいながら自由に研究できる制度はもはや皆無だった。

（前野ウルド浩太郎『バッタを倒しにアフリカへ』／光文社新書）

手がかりはココ！

アフリカに行ったからといって論文のネタとなる新発見ができる保証はどこにもない。なぜなら、室内の実験設備が整っておらず、研究の全ては野外で行われるからだ。自分の運命を自然に委ねるのは、あまりにも危険すぎた。しかし、日本には、給料をもらいながら自由に研究できる制度はもはや皆無だった。

ヒント 「アフリカ」とあるので、もしかしたら「対比」になるかもしれないぞ。

ヒント 「アフリカ」のマイナス面を理解しつつ、「しかし」「日本には」で、日本のより強いマイナス面に触れているよ。「皆無」……漢字から想像できるかな？

3 語彙力アップ❶ 意味を確認しよう！

皆無…あてはまる物事が全くないこと。

4 語彙力アップ❷ 仕上げのミッション！

今回出てきた言葉を使って文を作成してみよう。「主語と述語の対応」「状況や内容を説明しているか」「句読点を打っているか」などに気をつけて、相手に通じるように書こう。言葉の形は変わっても大丈夫だよ（例：うかがう→うかがった）。

答えは195ページ

さらに語彙力アップ！

●**委ねる**…まかせる。

シークレット・ミッション！

「皆無」という言葉を会話の中で使ってみよう。

チェックテスト②

その1 次の文を読み、（　）にふさわしい言葉を、語群の中から記号で選びましょう。

◆宿題が終わらないと遊びに行かせてもらえないので、親が（　）して、友達に連絡をする。

◆なんでもできすぎる彼に「失敗」という言葉は（　）だ。

◆今日の失敗は、明日の成功につながるのだと（　）することにした。

◆暴力的な彼の「心の友」という言葉を（　）的にみる。

◆よく考えれば、僕たちは自然から（　）を受けて暮らしているのだ。

ア 解釈　イ 恩恵　ウ 懐疑　エ 皆無　オ 介在

その2 言葉と意味が正しい組み合わせになるように、線で結びましょう。

- うつろう
- 裏付(うらづ)ける
- おぞましい
- かいつまむ
- 有無(うむ)を言わせない

・

- 重要なところのみをとらえる
- 怖(こわ)さやみにくさを感じる様子
- 次第(しだい)に変わっていく
- 証拠(しょうこ)で事実を証明(しょうめい)する
- 相手に物事を強(し)いる

答えは195ページ

21 顔をしかめる（かおをしかめる）

1 推測力アップ❶ **まずは、マンガで推測！** どういう状況を表す言葉なのか、イメージしながら読もう。

2 推測力アップ❷ **入試に出た文章に挑戦！** （主な出題校　駒場東邦中学校）

前後の内容を手がかりにして、意味を推測しよう。

「わたしたちのいた国でね、戦争みたいなことが始まるかもしれないの」戦争。夏は顔をしかめることしかできない。最近テレビでよく見る、ミサイルや爆弾や戦闘機をイメージする。

（戸森しるこ『夏と百花とカルピスと』／静山社『ねがいごと』所収）

手がかり はココ！

「わたしたちのいた国でね、戦争みたいなことが始まるかもしれないの」戦争。

夏は顔をしかめることしかできない。最近テレビでよく見る、ミサイルや爆弾や戦闘機をイメージする。

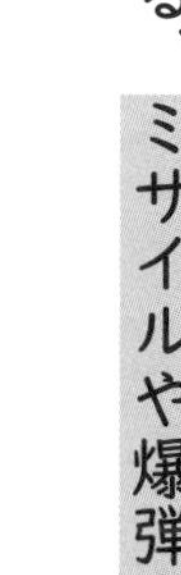

ヒント 戦争で使われる武器が頭の中でイメージされているね。

ヒント 自分と実際に関わりのある人が「戦争」に巻き込まれるかもしれないんだね。

3 語彙力アップ❶ 意味を確認しよう！

顔をしかめる…不快などのいやな気持ちから表情をゆがめる。

4 語彙力アップ❷ 仕上げのミッション！

今回出てきた言葉を使って文を作成してみよう。「主語と述語の対応」「状況や内容を説明しているか」「句読点を打っているか」などに気をつけて、相手に通じるように書こう。言葉の形は変わっても大丈夫だよ（例：うかがう→うかがった）。

答えは196ページ

「顔をしかめて」など形を変えても大丈夫。

シークレット・ミッション！

「顔をしかめ」たエピソードをおうちの人に聞いてみよう。

22 画一化（かくいつか）

1 推測力アップ❶ **まずは、マンガで推測！** どういう状況を表す言葉なのか、イメージしながら読もう。

うーん…
こうして作文を読んでいると
同じような内容が多いなぁ
同じような内容というより同じような書き方になっているのか
もっと自由に書いていいんだけどな…

2 推測力アップ❷ **入試に出た文章に挑戦！**（主な出題校　武蔵中学校）

前後の内容を手がかりにして、意味を推測しよう。

かつて風雅な人は微細な匂いの差異に気づき、そこから多彩な文化の風合いを感じ取っていました。ところが、清潔だけを目指して画一化してしまうことを、既に昭和初期の谷崎は惜しみ憂いていたのです。

（加藤博子『五感の哲学』／ベスト新書）

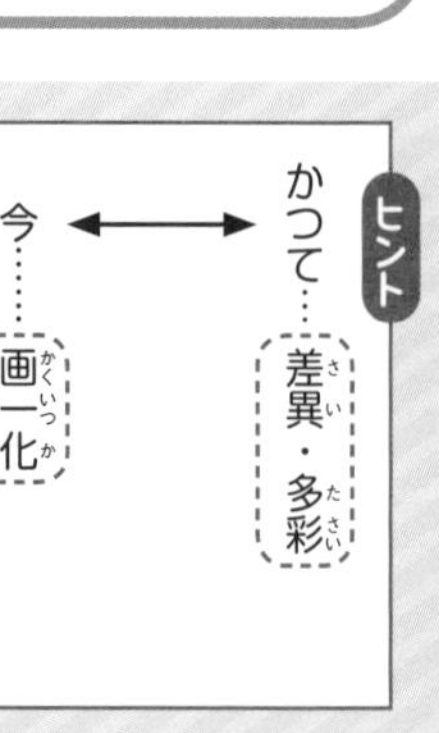

手がかり はココ！

かつて風雅な人は微細な匂いの差異に気づき、そこから多彩な文化の風合いを感じ取っていました。ところが、清潔だけを目指して画一化してしまうことを、既に昭和初期の谷崎は惜しみ憂いていたのです。

ヒント 「ところが」があるから「対比」だぞ。昔は違いがあったのだから、「画一化」はその反対だとわかるな。

ヒント 「かつて」とあるから、昔と今を比べる内容かもね。どうやら昔は「匂い」に「差異」（違い）があったんだね。それが多彩な文化につながったんだね。

3 語彙力アップ❶ 意味を確認しよう！

画一化…全てを同じようにそろえること。

さらに語彙力アップ！

● 微細…細かいこと。

4 語彙力アップ❷ 仕上げのミッション！

今回出てきた言葉を使って文を作成してみよう。「主語と述語の対応」「状況や内容を説明しているか」「句読点を打っているか」などに気をつけて、相手に通じるように書こう。言葉の形は変わっても大丈夫だよ（例：うかがう→うかがった）。

答えは196ページ

シークレット・ミッション！

「画一化」という言葉を会話の中で使ってみよう！

23 かぶりを振る（かぶりをふる）

1 推測力アップ❶ まずは、マンガで推測！

どういう状況を表す言葉なのか、イメージしながら読もう。

2 推測力アップ❷ 入試に出た文章に挑戦！

（主な出題校　栄光学園中学校）

前後の内容を手がかりにして、意味を推測しよう。

「練習会に、伴走者も一緒に参加することはできますか？」「え、もう決まってるの？」驚いたように言う境野に、「はい」と朔は頷いた。「あ、もしかして上城さん？」「わたし？」「じゃないです」と朔はかぶりを振った。

（いとうみく『朔と新』／講談社）

手がかりはココ！

「練習会に、伴走者も一緒に参加することはできますか？」「え、もう決まってるの？」驚いたように言う境野に、「はい」と朔は頷いた。「あ、もしかして上城さん？」「わたし？」「じゃないです」と朔はかぶりを振った。

質問に対して、「違う」と返答しているね。そのときに「振る」ものは何だろう？

3 語彙力アップ❶ 意味を確認しよう！

かぶりを振る…承知していないことを表す。

4 語彙力アップ❷ 仕上げのミッション！

今回出てきた言葉を使って文を作成してみよう。「主語と述語の対応」「状況や内容を説明しているか」「句読点を打っているか」などに気をつけて、相手に通じるように書こう。言葉の形は変わっても大丈夫だよ（例：うかがう→うかがった）。

答えは196ページ

シークレット・ミッション！

会話の中で自然に「かぶりを振って」みよう！

24 干渉（かんしょう）

1 推測力アップ❶ まずは、マンガで推測！ どういう状況を表す言葉なのか、イメージしながら読もう。

げそ…
あれ どうしたの？
ずいぶんと げっそり…
最近、親が「こうやって勉強しろ」とかうるさいんだよね…
あーそれで そんなに
これまでの信頼のなさだよね

ヒロが大変そう…

2 推測力アップ❷ 入試に出た文章に挑戦！（主な出題校　雙葉中学校）

前後の内容を手がかりにして、意味を推測しよう。

大人たちはすぐに、娘が何やら夢中になって書いていると気づいたが、必要以上に干渉はしなかった。とにかく机の前で書き物をしているのだから、それは勉学、例えば漢字の書き取りのようなものに違いないと思い込んだらしい。

（小川洋子『キリコさんの失敗』／角川文庫『偶然の祝福』所収）

郵便はがき

差出有効期間
2022年9月
30日まで

1 6 3 - 8 7 9 1

9 9 9

（受取人）

日本郵便 新宿郵便局
郵便私書箱第330号

（株）実務教育出版

愛読者係行

フリガナ お名前		年齢　　歳 性別　　男・女
ご住所	〒	
電話番号	携帯・自宅・勤務先　　（　　　）	
メールアドレス		
ご職業	1. 会社員 2. 経営者 3. 公務員 4. 教員・研究者 5. コンサルタント 6. 学生 7. 主婦 8. 自由業 9. 自営業 10. その他（　　　）	
勤務先・学校名		所属（役職）または学年
今後、この読書カードにご記載いただいたあなたのメールアドレス宛に実務教育出版からご案内をお送りしてもよろしいでしょうか		はい・いいえ

毎月抽選で5名の方に「図書カード1000円」プレゼント！

尚、当選発表は商品の発送をもって代えさせていただきますのでご了承ください。
この読者カードは、当社出版物の企画の参考にさせていただくものであり、その目的以外には使用いたしません。

■愛読者カード

ご購入いただいた本のタイトルをお書きください】

タイトル

読ありがとうございます。
後の出版の参考にさせていただきたいので、ぜひご意見・ご感想をお聞かせください。
、ご感想を広告等、書籍の PR に使わせていただく場合がございます（個人情報は除きます）。

……………………………該当する項目を○で囲んでください……………………………

本書へのご感想をお聞かせください

内容について	a. とても良い	b. 良い	c. 普通	d. 良くない
わかりやすさについて	a. とても良い	b. 良い	c. 普通	d. 良くない
装幀について	a. とても良い	b. 良い	c. 普通	d. 良くない
定価について	a. 高い	b. ちょうどいい	c. 安い	
本の重さについて	a. 重い	b. ちょうどいい	c. 軽い	
本の大きさについて	a. 大きい	b. ちょうどいい	c. 小さい	

本書を購入された決め手は何ですか

著者　b. タイトル　c. 値段　d. 内容　e. その他（　　　　　　　　　　）

本書へのご感想・改善点をお聞かせください

本書をお知りになったきっかけをお聞かせください

新聞広告　b. インターネット　c. 店頭（書店名：　　　　　　　　　）
人からすすめられて　e. 著者の SNS　f. 書評　g. セミナー・研修
その他（　　　　　　　　　　　　　　　　　　　　　　　　）

本書以外で最近お読みになった本を教えてください

今後、どのような本をお読みになりたいですか（著者、テーマなど）

協力ありがとうございました。

手がかりはココ！

大人たちはすぐに、娘が何やら夢中になって書いていると気づいたが、必要以上に干渉はしなかった。とにかく机の前で書き物をしているのだから、それは勉学、例えば漢字の書き取りのようなものに違いないと思い込んだらしい。

3 語彙力アップ① 意味を確認しよう！

干渉…当事者ではない人が意見や考えを言い、自分に従わせようとすること。

4 語彙力アップ② 仕上げのミッション！

今回出てきた言葉を使って文を作成してみよう。「主語と述語の対応」「状況や内容を説明しているか」「句読点を打っているか」などに気をつけて、相手に通じるように書こう。言葉の形は変わっても大丈夫だよ（例：うかがう→うかがった）。

答えは196ページ

ヒント

「勉強していると思い込んだ」から、どうしたんだろうね？

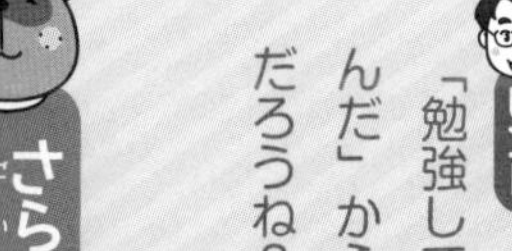

さらに語彙力アップ！

類 口出し　お節介　手出し

シークレット・ミッション！

「干渉」という言葉を会話の中で使ってみよう！

25 観点（かんてん）

1 推測力アップ① まずは、マンガで推測！

どういう状況を表す言葉なのか、イメージしながら読もう。

2 推測力アップ② 入試に出た文章に挑戦！

（主な出題校　海城中学校）

前後の内容を手がかりにして、意味を推測しよう。

ただスラムの人々はそれ（スラム・ツーリズム）で生計を立てていることも否定し難い事実ですし、旅が学びを与える可能性は十分にある。だから、よそ者であることをうまく使った支援や応援のあり方って「おせっかい」という観点からすれば「アリ」ではないでしょうか。

（富永京子『みんなの「わがまま」入門』／左右社）

手がかり はココ！

ただスラムの人々はそれ（スラム・ツーリズム）で生計を立てていることも否定し難い事実ですし、旅が学びを与える可能性は十分にある。だから、よそ者であることをうまく使った支援や応援のあり方って「おせっかい」という観点からすれば「アリ」ではないでしょうか。

ヒント 「スラム（貧しい人が暮らしている場所）・ツーリズム（観光）」が、スラムの人々にとって「生計を立てる」ことにつながりそう。

ヒント 「よそ者」ってだれのことだろう？ そう、ツアーに参加している人のことだね。その「おせっかい」なことを筆者はプラスと考えているということだ。

3 語彙力アップ❶ 意味を確認しよう！

観点…ものを見たり考えたりする立場。ものの見方、考え方。

4 語彙力アップ❷ 仕上げのミッション！

今回出てきた言葉を使って文を作成してみよう。「主語と述語の対応」「状況や内容を説明しているか」「句読点を打っているか」などに気をつけて、相手に通じるように書こう。言葉の形は変わっても大丈夫だよ（例：うかがう→うかがった）。

答えは196ページ

さらに語彙力アップ！

類 視点

● 生計…日々の暮らし。

シークレット・ミッション！

「観点」という言葉を会話の中で使ってみよう。

26 気文（きじょう）

1 推測力アップ❶ まずは、マンガで推測！

どういう状況を表す言葉なのか、イメージしながら読もう。

あれ？カオリ元気ないじゃん
ぐす…
おばさんが飼っている犬が亡くなっちゃって…
あらら…
おばさん悲しいはずなのに明るくしてて
それがよけいに…
心配させたくなかったんだね
気持ちの強い人だね

2 推測力アップ❷ 入試に出た文章に挑戦！

（主な出題校　駒場東邦中学校）

前後の内容を手がかりにして、意味を推測しよう。

私もその中の何回かは電話に出たが、どすの利いたヤクザっぽい声で、脅迫されているみたいで怖かった。今までのほほんとしていた母は、電話が鳴る度に逃げることなく気丈に対応していたが、三日目にとうとう店を閉じた。

（ねじめ正一『むーさんの自転車』／中央公論新社）

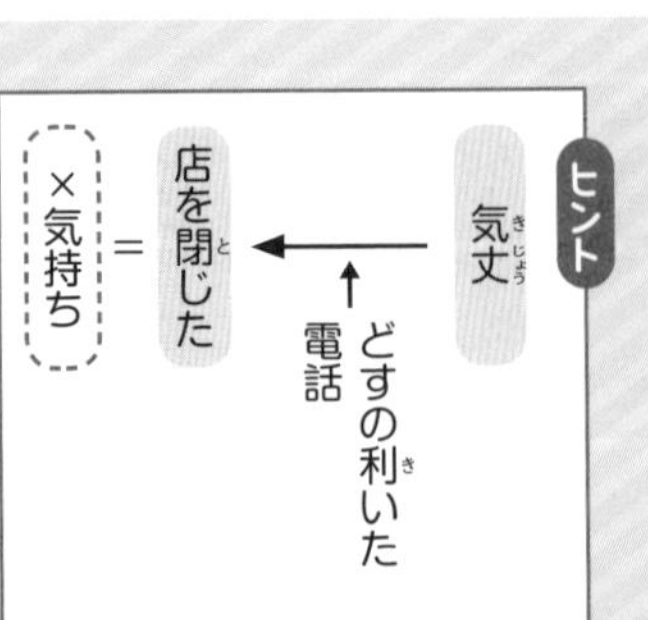

手がかりはココ！

私もその中の何回かは電話に出たが、どすの利いたヤクザっぽい声で、脅迫されているみたいで怖かった。今までのほほんとしていた母は、電話が鳴る度に逃げることなく気丈に対応していたが、三日目にとうとう店を閉じた。

ヒント　どんな電話かは前に書いてあるね。そんな電話から「逃げない」が「気丈」とつながりそうだ。

3 語彙力アップ❶ 意味を確認しよう！

気丈…あわてることなく、平常心で物事の対応ができる様子。心が強い様子。

さらに語彙力アップ！

対（反対の意味の言葉）　気弱

●脅迫…おどし。

4 語彙力アップ❷ 仕上げのミッション！

今回出てきた言葉を使って文を作成してみよう。「主語と述語の対応」「状況や内容を説明しているか」「句読点を打っているか」などに気をつけて、相手に通じるように書こう。言葉の形は変わっても大丈夫だよ（例：うかがう→うかがった）。

答えは196ページ

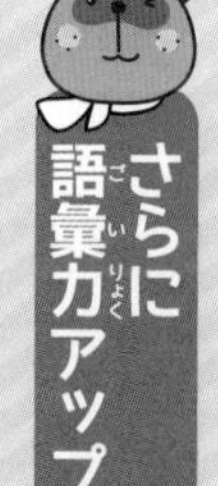

シークレット・ミッション！

「気丈」という言葉についてのエピソードをおうちの人に聞いてみよう。

27 既知（きち）

推測力アップ① **まずは、マンガで推測！** どういう状況を表す言葉なのか、イメージしながら読もう。

推測力アップ② **入試に出た文章に挑戦！**（主な出題校　浦和明の星中学校）

前後の内容を手がかりにして、意味を推測しよう。

落語でも、具現化したい得体の知れないものを、既知のものの組み合わせに分解することで何とかイメージを伝えることもできなくはないが、絵にすることで一発で具現化できる漫画に比べると、どうしても分が悪い。

（立川吉笑『現在落語論』／毎日新聞出版）

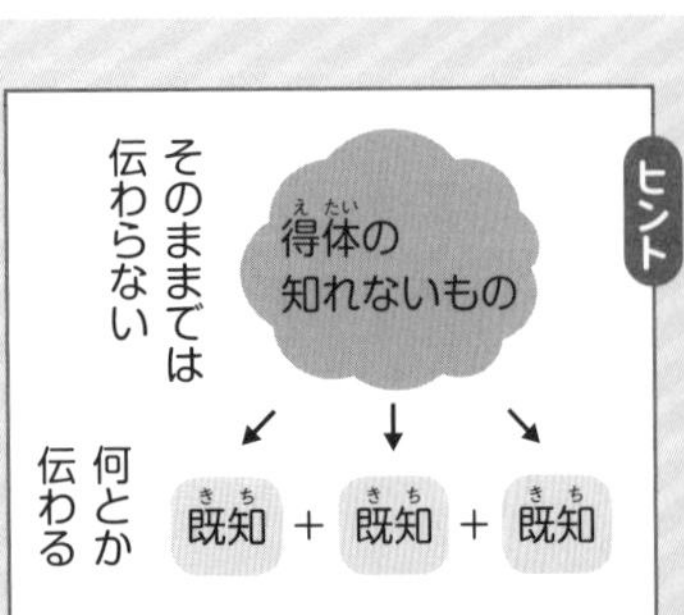

手がかりはココ！

ヒント 「得体の知れない」というのは「よくわからないもの」ってことだね。

落語でも、具現化したい得体の知れないものを、既知のものの組み合わせに分解することで何とかイメージを伝えることもできなくはないが、絵にすることで一発で具現化できる漫画に比べると、どうしても分が悪い。

3 語彙力アップ❶ 意味を確認しよう！

既知…すでに知っていること。

4 語彙力アップ❷ 仕上げのミッション！

今回出てきた言葉を使って文を作成してみよう。「主語と述語の対応」「状況や内容を説明しているか」「句読点を打っているか」などに気をつけて、相手に通じるように書こう。言葉の形は変わっても大丈夫だよ（例：うかがう→うかがった）。

答えは196ページ

ヒント 「よくわからないもの」を「何に分解」すれば、「何とかイメージを伝えること」ができるんだろう？
ちなみに、「既知」の反対は「未知」だ。

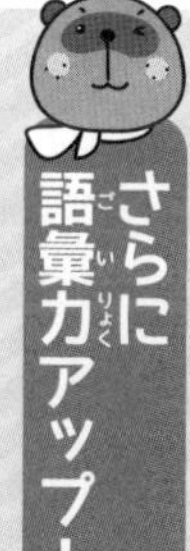

対 未知
●具現化…具体的に形にすること。
●得体…正体。

「既知」という言葉を使って会話してみよう。

28 起伏（きふく）

1 推測力アップ❶ まずは、マンガで推測！

どういう状況を表す言葉なのか、イメージしながら読もう。

どんな言葉だろう？

2 推測力アップ❷ 入試に出た文章に挑戦！

（主な出題校　開成中学校）

前後の内容を手がかりにして、意味を推測しよう。

そのうち、自分がもとの感情の**起伏**に乏しい「自分」に戻っていることに気づいた。顔の表情筋の動きも、すっかり緩慢になった。（中略）いったい、エチオピアにいたときの「自分」は「だれ」だったのだろうか？

（松村圭一郎『うしろめたさの人類学』／ミシマ社）

手がかりはココ！

そのうち、自分がもとの感情の起伏に乏しい「自分」に戻っていることに気づいた。顔の表情筋の動きも、すっかり緩慢になった。（中略）いったい、エチオピアにいたときの「自分」は「だれ」だったのだろうか？

ヒント 感情の何が乏しくなったのかな？

ヒント どうやら、あまり表情が動かなくなったのかな。

ヒント 変化しているな。

3 語彙力アップ❶ 意味を確認しよう！

起伏…高くなったり低くなったり、栄えたり衰えたりといった変化。

さらに語彙力アップ！

類 浮き沈み

●緩慢…激しくなくゆったりしている様子。

4 語彙力アップ❷ 仕上げのミッション！

今回出てきた言葉を使って文を作成してみよう。「主語と述語の対応」「状況や内容を説明しているか」「句読点を打っているか」などに気をつけて、相手に通じるように書こう。言葉の形は変わっても大丈夫だよ（例：うかがう→うかがった）。

答えは196ページ

シークレット・ミッション！

「起伏」という言葉に関するエピソードをおうちの人に聞いてみよう！

29 逆説（ぎゃくせつ）

漢字から想像できるかな？

1 推測力アップ① まずは、マンガで推測！

どういう状況を表す言葉なのか、イメージしながら読もう。

2 推測力アップ② 入試に出た文章に挑戦！

（主な出題校　浅野中学校）

前後の内容を手がかりにして、意味を推測しよう。

子どもにしか哲学はできない。しかし、子どもには哲学はできない。この逆説の中に、哲学者たちはいる。彼らは、大人でもない、子どもでもない。

（野矢茂樹『子どもの難問』／中央公論新社）

手がかりはココ！

子どもにしか哲学(てつがく)はできない。しかし、子どもには哲学(てつがく)はできない。この逆説(ぎゃくせつ)の中に、哲学者(てつがくしゃ)たちはいる。彼(かれ)らは、大人でもない、子どもでもない。

ヒント
「この」の内容(ないよう)が「逆説(ぎゃくせつ)」の説明になりそうだね。

3 語彙力アップ① 意味を確認(かくにん)しよう！

逆説(ぎゃくせつ)…一見矛盾(むじゅん)しているようだが、実は真理に近い考え。

さらに語彙(ごい)力アップ！

類 パラドックス

4 語彙力アップ② 仕上げのミッション！

今回出てきた言葉を使って文を作成してみよう。「主語と述語(じゅつご)の対応(たいおう)」「状況(じょうきょう)や内容(ないよう)を説明しているか」「句読点(くとうてん)を打っているか」などに気をつけて、相手に通じるように書こう。言葉の形は変わっても大丈夫(だいじょうぶ)だよ（例：うかがう→うかがった）。

答えは196ページ

シークレット・ミッション！

「逆説(ぎゃくせつ)」の例をおうちの人に説明してもらおう！

30 客観（きゃっかん）

推測力アップ① **まずは、マンガで推測！** どういう状況を表す言葉なのか、イメージしながら読もう。

推測力アップ② **入試に出た文章に挑戦！**（主な出題校　芝中学校）

前後の内容を手がかりにして、意味を推測しよう。

かつては家柄や家の財産、成績がいい、スポーツができる、絵の才能があるなど、誰もが認める客観的な能力評価から自信を得ることもありましたが、いまはちがいます。

（斎藤環『つながることと認められること』／ちくまプリマー新書『学ぶということ』所収）

手がかりはココ！

かつては家柄や家の財産、成績がいい、スポーツができる、絵の才能があるなど、誰もが認める客観的な能力評価から自信を得ることもありましたが、いまはちがいます。

ヒント 「〜など」の部分は「具体例」だね。何の例だろう？

ヒント 「誰もが認める」の部分が「客観」と強くつながっているぞ。マンガも参考に意味を考えよう。

3 語彙力アップ❶ 意味を確認しよう！

客観…❶他の誰もが、そうであるととらえること。❷第三者の立場から物事を考えること。

入試では「客観的」や「客観性」という形でよく出てくるな。

さらに語彙力アップ！

対 主観

4 語彙力アップ❷ 仕上げのミッション！

今回出てきた言葉を使って文を作成してみよう。「主語と述語の対応」「状況や内容を説明しているか」「句読点を打っているか」などに気をつけて、相手に通じるように書こう。言葉の形は変わっても大丈夫だよ（例：うかがう→うかがった）。

シークレット・ミッション！

「客観」という言葉を会話の中で自然に使ってみよう。

答えは196ページ

チェックテスト③

語彙21〜30

その1 次の文を読み、正しい言葉の使われ方であれば○、そうでなければ×と答えましょう。

（　　）彼は楽しいことがあって気丈にふるまっている。

（　　）なるほど、君の観点からも物事を見てみよう。

（　　）実のところ、世の中は既知よりも未知のことであふれている。

（　　）人生という物語には起伏がつきものだ。

（　　）今日はようやく好きな映画を干渉できた。

その2 次の文を読み、（　）の中から正しい語句に○をつけましょう。

◆自分だけのものの見方ではなく、（主観・客観）的に、物事を見なくてはならない。

◆「それはできない」と父は（かぶり・おしり）を振った。

◆先生にうそを見抜かれて、思わず顔を（ゆるめた・しかめた）。

◆「急がば回れ」ということわざは実によくできた（学説・逆説）だ。

◆どれもが同じようになっていくという（画一・多様）化の社会で果たしていいのだろうか。

答えは196ページ

31 虚勢（きょせい）

1 推測力アップ① まずは、マンガで推測！

どういう状況を表す言葉なのか、イメージしながら読もう。

先生
お化け屋敷とか苦手そうだよね～
確かに！
肝試しとか苦手でしょ
いや全然！
僕に怖いものなんかないし！
いや本当に！
わっ！
ひえぇっ
やっぱり！

2 推測力アップ② 入試に出た文章に挑戦！

（主な出題校　洗足学園中学校）

前後の内容を手がかりにして、意味を推測しよう。

これまでは、午前中の対局で2連敗しても、お昼に父と電話で話すうちに気力がわいた。しかし、祐也はもはや虚勢を張ることすらできなかった。

（佐川光晴『駒音高く』／実業之日本社文庫）

手がかりはココ！

これまでは、午前中の対局で2連敗しても、お昼に父と電話で話すうちに気力がわいた。しかし、祐也はもはや虚勢を張ることすらできなかった。

ヒント 「これまで」と「今」の対比だぞ。「は」や「しかし」に注目だ。

ヒント 「もはや〜すら」とあるから、気力が湧くどころかもっとマイナスの状況だ。マンガの内容をもとに意味を考えてみよう。

3 語彙力アップ❶ 意味を確認しよう！

虚勢…弱みを隠すために、勢いがあるように見せること。

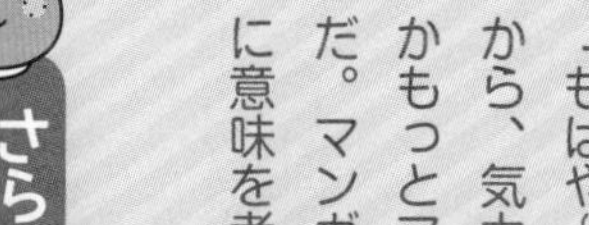

類 空威張り

4 語彙力アップ❷ 仕上げのミッション！

今回出てきた言葉を使って文を作成してみよう。「主語と述語の対応」「状況や内容を説明しているか」「句読点を打っているか」などに気をつけて、相手に通じるように書こう。言葉の形は変わっても大丈夫だよ（例：うかがう→うかがった）。

答えは196ページ

「虚勢」に関する話をおうちの人に聞いてみよう！

32 義理（ぎり）

1 推測力アップ① まずは、マンガで推測！

どういう状況を表す言葉なのか、イメージしながら読もう。

今日は
バレンタインデー
だなぁ

ヒロ、これ「ギリ」
だけどチョコね

ん？
ギリギリチョコ
ってこと？

お前料理下手
だったのか…

バーカ！

今日もがんばろう

2 推測力アップ② 入試に出た文章に挑戦！

（主な出題校　市川中学校）

前後の内容を手がかりにして、意味を推測しよう。

　贈り物をされた人は相手に義理を感じ、贈り物を返しますが、今度は返礼された人がその相手に義理を感じて、さらに贈り物をし、それを受けた人がさらに返礼しという果てしない贈り物と返礼のくり返しによって、モノが交換されていたのです。

（岩井克人『おカネとコトバと人間社会』／ちくまプリマー新書『学ぶということ』所収）

ヒント

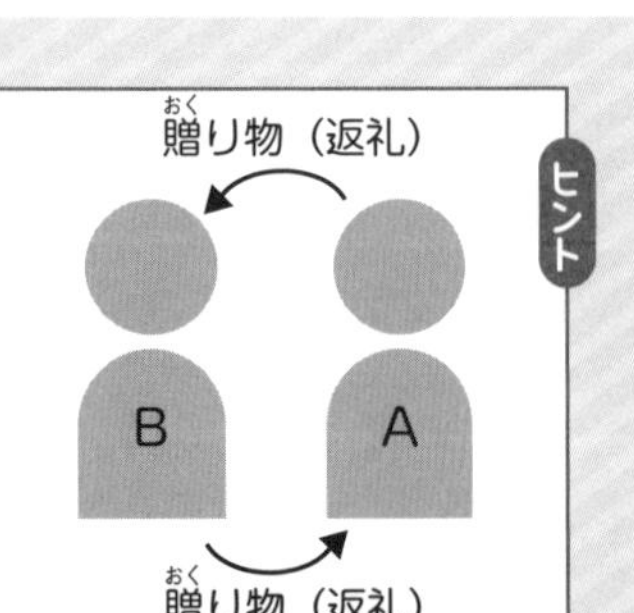

手がかりはココ！

贈り物をされた人は相手に義理を感じ、贈り物を返しますが、今度は返礼された人がその相手に義理を感じて、さらに贈り物をし、それを受けた人がさらに返礼しという果てしない贈り物と返礼のくり返しによって、モノが交換されていたのです。

ヒント　どうやら「贈り物をされると感じる」もののようだね。

ヒント　もらった人が「お返しする」のも義理のようだね。

3 語彙力アップ① 意味を確認しよう！

義理…（たとえいやであったとしても）人としてするべき行い。

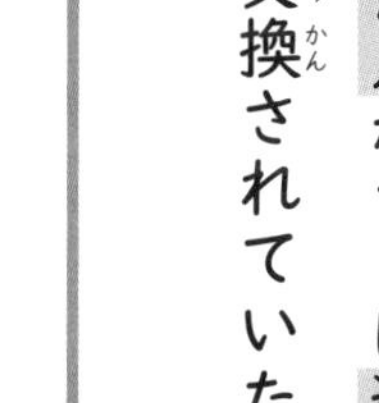

さらに語彙力アップ！

●果てしない…終わりのない。

4 語彙力アップ② 仕上げのミッション！

今回出てきた言葉を使って文を作成してみよう。「主語と述語の対応」「状況や内容を説明しているか」「句読点を打っているか」などに気をつけて、相手に通じるように書こう。言葉の形は変わっても大丈夫だよ（例：うかがう→うかがった）。

答えは196ページ

シークレット・ミッション！

家の中で「義理」を果たす行動をしてみよう。

33 苦笑（くしょう）

1 推測力アップ❶ **まずは、マンガで推測！** どういう状況を表す言葉なのか、イメージしながら読もう。

2 推測力アップ❷ **入試に出た文章に挑戦！**（主な出題校　栄光学園中学校）

前後の内容を手がかりにして、意味を推測しよう。

（玄関を出て、外に向かう場面）「母さん、まだこっち見てるんじゃない？」まさか、と振り返った梓が「わっ」と声を漏らした。「さすが朔、お見通しだね」「二十年近く、息子をやってるんで」なるほどーと、うなる梓に朔は苦笑した。

（いとうみく『朔と新』／講談社）

手がかりはココ！

（玄関を出て、外に向かう場面）「母さん、まだこっち見てるんじゃない？」まさか、と振り返った梓が「わっ」と声を漏らした。「さすが朔、お見通しだね」「二十年近く、息子をやってるんで」なるほどーと、うなる梓に朔は苦笑した。

3 語彙力アップ❶ 意味を確認しよう！

苦笑…心の中ではよく思っていないが、しかたなく笑ってみせること。

4 語彙力アップ❷ 仕上げのミッション！

今回出てきた言葉を使って文を作成してみよう。「主語と述語の対応」「状況や内容を説明しているか」「句読点を打っているか」などに気をつけて、相手に通じるように書こう。言葉の形は変わっても大丈夫だよ（例：うかがう→うかがった）。

答えは197ページ

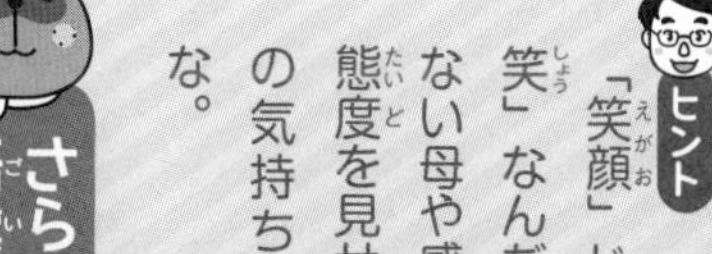

ヒント
「笑顔」じゃなくて「苦笑」なんだね。子離れしない母や感心したような態度を見せた梓に対しての気持ちがうかがえるな。

さらに語彙力アップ！

類 苦笑い

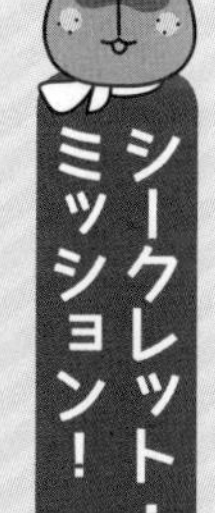

シークレット・ミッション！

「苦笑」の例をおうちの人に説明してもらおう！

34 具体（ぐたい）

1 推測力アップ① **まずは、マンガで推測！** どういう状況を表す言葉なのか、イメージしながら読もう。

2 推測力アップ② **入試に出た文章に挑戦！**（主な出題校　渋谷教育学園幕張中学校）

前後の内容を手がかりにして、意味を推測しよう。

私のような研究者にとっては、長い間、心の中で暖めていた着想・構想が、一つの具体的な理論体系の形にまとまった時、そしてそれから出てくる結論が実験によって確証された時に、最も大きな生きがいが感ぜられる。

（湯川秀樹『具象以前』／平凡社『詩と科学』所収）

手がかりはココ！

私のような研究者にとっては、長い間、心の中で暖めていた着想・構想が、一つの具体的な理論体系の形にまとまった時、そしてそれから出てくる結論が実験によって確証された時に、最も大きな生きがいが感ぜられる。

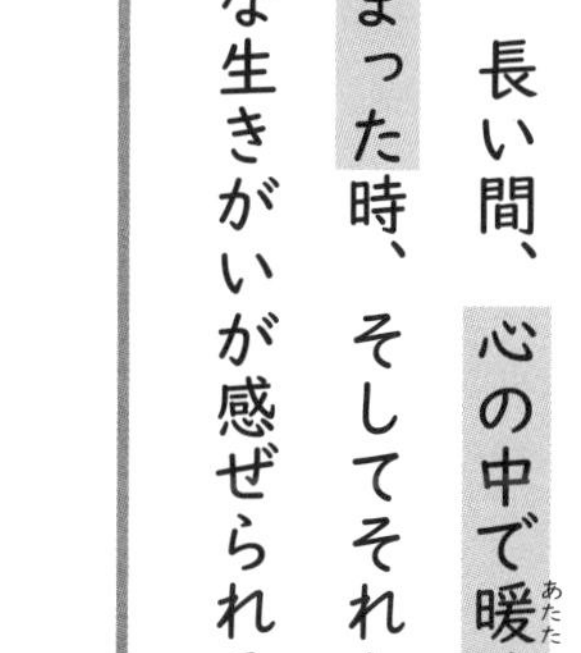

3 語彙力アップ① 意味を確認しよう！

具体…他の人にも同じ形で理解できること。

4 語彙力アップ② 仕上げのミッション！

今回出てきた言葉を使って文を作成してみよう。「主語と述語の対応」「状況や内容を説明しているか」「句読点を打っているか」などに気をつけて、相手に通じるように書こう。言葉の形は変わっても大丈夫だよ（例：うかがう→うかがった）。

答えは197ページ

ヒント

「心の中」にあったものが、どのようにまとまると「具体」的なのだろう？

さらに語彙力アップ！

類 具象
対 抽象

●体系…考え方の全体像。
●確証…確かであるという証明。

シークレット・ミッション！

会話の中で「具体」的に何かを説明してみよう！

35 首をかしげる（くびをかしげる）

1 推測力アップ❶ **まずは、マンガで推測！** どういう状況を表す言葉なのか、イメージしながら読もう。

ヒロ君宿題提出した？
昨日体調が悪くてできなかったんだよね…
あれ？
昨日サッカーの試合で大活躍だったって聞いたけど？
…………
なんでヒロはいつもわかりやすいうそをつくのかな？

2 推測力アップ❷ **入試に出た文章に挑戦！**（主な出題校　浅野中学校）
前後の内容を手がかりにして、意味を推測しよう。

そして東京での生活が一年半ほど続いたところで、再び転勤の内示が出た。今度は遥か北地の平川に勤めるという。歩はその地名を聞いて首を傾げた。地理は得意だが、聞いたことがない。津軽地方の幾つかの町や村が合併して、新しくできたばかりの市なのだという。

（高橋弘希『送り火』／文藝春秋）

手がかり はココ！

そして東京での生活が一年半ほど続いたところで、再び転勤の内示が出た。今度は遥か北地の平川に勤めるという。歩はその地名を聞いて首を傾げた。地理は得意だが、聞いたことがない。津軽地方の幾つかの町や村が合併して、新しくできたばかりの市なのだという。

ヒント お話が変わるね！

ヒント どの地名だろう？

ヒント 「得意」ということはよく知っているはずなのにね。そんなときに「首」をどうしたのだろう？

3 語彙力アップ❶ 意味を確認しよう！

首をかしげる…疑問に思う。不思議に思う。不審に思う。

さらに語彙力アップ！

●内示…公表する前に、内部に示すこと。

4 語彙力アップ❷ 仕上げのミッション！

今回出てきた言葉を使って文を作成してみよう。「主語と述語の対応」「状況や内容を説明しているか」「句読点を打っているか」などに気をつけて、相手に通じるように書こう。言葉の形は変わっても大丈夫だよ（例：うかがう→うかがった）。

答えは197ページ

「首をかしげて」など形を変えても大丈夫。

シークレット・ミッション！

「首をかしげる」という言葉を会話で使ってみよう。自然にね！

36 警戒（けいかい）

1 推測力アップ❶ まずは、マンガで推測！

どういう状況を表す言葉なのか、イメージしながら読もう。

2 推測力アップ❷ 入試に出た文章に挑戦！

（主な出題校　開成中学校）

前後の内容を手がかりにして、意味を推測しよう。

このあたりに住んでいるピープル（人）たちはお互いに知り合いで、新入りの茜たちのことを同じピープルとは思っていない。最初は親切でも、しばらくここに住むとわかると、とたんに警戒する目つきになる。

（荻原浩『空は今日もスカイ』／集英社文庫『海の見える理髪店』所収）

ヒント

親切にしてくれる → 警戒する
↑
しばらく住むとわかる

手がかりはココ！

このあたりに住んでいるピープル（人）たちはお互いに知り合いで、新入りの茜たちのことを同じピープルとは思っていない。最初は親切でも、しばらくここに住むとわかると、とたんに警戒する目つきになる。

ヒント 対比だね。

ヒント どうやら「定着」するのがいやみたいだね。

ヒント 「同じ」ではないのだから、親近感も湧かないよね。

3 語彙力アップ① 意味を確認しよう！

警戒…望まないことが起きないよう注意や用心すること。

4 語彙力アップ② 仕上げのミッション！

今回出てきた言葉を使って文を作成してみよう。「主語と述語の対応」「状況や内容を説明しているか」「句読点を打っているか」などに気をつけて、相手に通じるように書こう。言葉の形は変わっても大丈夫だよ（例：うかがう→うかがった）。

答えは197ページ

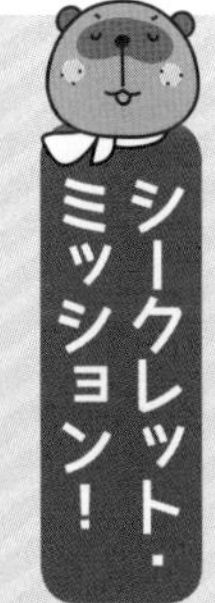

シークレット・ミッション！

「警戒」という言葉を相手との会話で使ってみよう。

37 怪訝（けげん）

1 推測力アップ①

まずは、マンガで推測！

どういう状況を表す言葉なのか、イメージしながら読もう。

2 推測力アップ②

入試に出た文章に挑戦！

（主な出題校　渋谷教育学園渋谷中学校）

前後の内容を手がかりにして、意味を推測しよう。

「はい……先生」祖父が**怪訝**そうな顔で振り返った。「ここにいるときは『先生』って呼びます」そうか、と祖父は微笑んだが、すぐに表情を引き締めた。

（伊吹有喜『雲を紡ぐ』／文藝春秋）

手がかりはココ！

「はい……先生」祖父が怪訝そうな顔で振り返った。「ここにいるときは『先生』って呼びます」そうか、と祖父は微笑んだが、すぐに表情を引き締めた。

「祖父」なのに「先生」って、呼ばれたんだね。

ヒント　「先生」と呼ばれる理由は、振り返ったあとで言われたぞ。ということは、突然「先生」と呼ばれたことになるな。

3 語彙力アップ❶ 意味を確認しよう！

怪訝…あやしむこと。不思議に思うこと。

4 語彙力アップ❷ 仕上げのミッション！

今回出てきた言葉を使って文を作成してみよう。「主語と述語の対応」「状況や内容を説明しているか」「句読点を打っているか」などに気をつけて、相手に通じるように書こう。言葉の形は変わっても大丈夫だよ（例：うかがう→うかがった）。

答えは197ページ

シークレット・ミッション！

「怪訝」のエピソードをおうちの人に聞いてみよう！

38 険悪（けんあく）

1 推測力アップ❶ まずは、マンガで推測！

どういう状況を表す言葉なのか、イメージしながら読もう。

2 推測力アップ❷ 入試に出た文章に挑戦！

（主な出題校　浦和明の星中学校）

前後の内容を手がかりにして、意味を推測しよう。

それはまた、自分はやる気がないという、飯田さんの意思表示でもあった。わたしはかなり困った。飯田さんを推薦するわけにはいかない。それをしてしまうと、やり返した感じになる。険悪な空気になる。

（小野寺史宜『梅雨明けヤジオ』／角川書店『今日も町の隅で』所収）

手がかりはココ！

それはまた、**自分はやる気がないという、飯田さんの意思表示**でもあった。わたしはかなり困った。**飯田さんを推薦する**わけにはいかない。**それ**をしてしまうと、やり返した感じになる。険悪な空気になる。

ヒント　「飯田さん」はどうやら「やる気」を示していないらしい。

ヒント　「それ」の内容は直前にある「飯田さんを推薦すること」だ。それがなぜ「険悪」につながるのだろう。そう、飯田さんはやる気がないからだね。

3 語彙力アップ❶ 意味を確認しよう！

険悪…表情や性質・様子がとげとげしくなること。

4 語彙力アップ❷ 仕上げのミッション！

今回出てきた言葉を使って文を作成してみよう。「主語と述語の対応」「状況や内容を説明しているか」「句読点を打っているか」などに気をつけて、相手に通じるように書こう。言葉の形は変わっても大丈夫だよ（例：うかがう→うかがった）。

答えは197ページ

シークレット・ミッション！

おうちの人との会話で自然な形で「険悪」を使ってみよう！

39 高尚（こうしょう）

1 推測力アップ❶ まずは、マンガで推測！

どういう状況を表す言葉なのか、イメージしながら読もう。

2 推測力アップ❷ 入試に出た文章に挑戦！

（主な出題校　栄光学園中学校）

前後の内容を手がかりにして、意味を推測しよう。

わたしは食べることをやめて、もっと勉強時間を増やす、とか、人類の文化をより高尚なものにするとかいうことには大きな疑問を感じる人間です。

（藤原辰史『食べるとはどういうことか』／農山漁村文化協会）

ヒント

プラスの方向性を目指す

世の中…勉強時間を増やす　文化をより高尚なものにする

↕

筆者…大きな疑問

手がかり **はココ！**

わたしは食べることをやめて、もっと勉強時間を増やす、とか、人類の文化をより高尚なものにするとかいうことには大きな疑問を感じる人間です。

ヒント
「〜とか、〜とか」という形で具体例を挙げているな。ということは、「高尚」は「勉強時間を増やす」と同じ方向の言葉だ。

3

語彙力アップ❶ **意味を確認しよう！**

高尚…知性の程度が高く、気品があること。（文化・教養の）程度が高い様子。

類 気高い

4

語彙力アップ❷ **仕上げのミッション！**

今回出てきた言葉を使って文を作成してみよう。「主語と述語の対応」「状況や内容を説明しているか」「句読点を打っているか」などに気をつけて、相手に通じるように書こう。言葉の形は変わっても大丈夫だよ（例：うかがう→うかがった）。

答えは197ページ

「高尚」という言葉を会話の中で使ってみよう！

40 効率（こうりつ）

1 推測力アップ① まずは、マンガで推測！

どういう状況を表す言葉なのか、イメージしながら読もう。

2 推測力アップ② 入試に出た文章に挑戦！

（主な出題校　桜蔭中学校）

前後の内容を手がかりにして、意味を推測しよう。

　しかし、物資の流通や情報技術の高度化を通じて時間を節約した結果、せっかく得た自分だけの時間をも同じように効率化の対象にしてしまった。自分の欲求を最大限満たすために、効率的な過ごし方を考える。映画を見て、スポーツを観戦し、ショッピングを楽しんで、ぜいたくな食事をする。

（山極寿一『ゴリラからの警告』／毎日新聞出版）

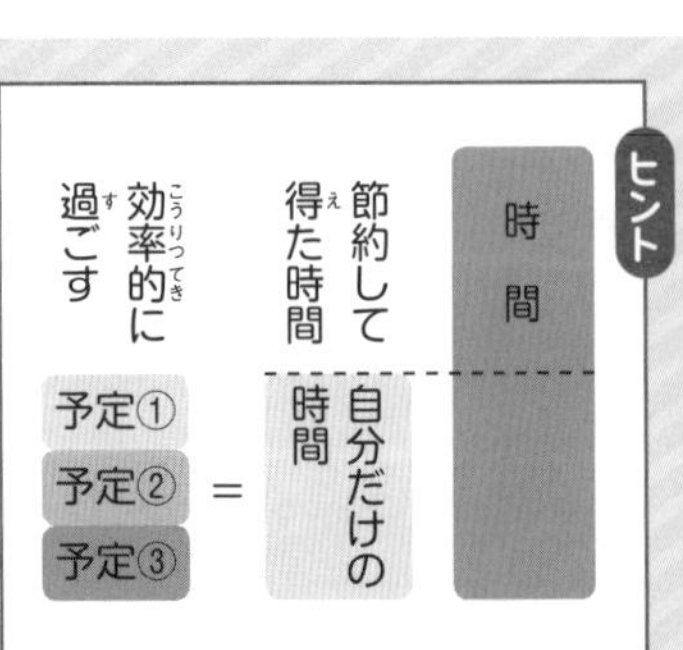

手がかりはココ！

しかし、物資の流通や情報技術の高度化を通じて時間を節約した結果、せっかく得た自分だけの時間をも同じように効率化の対象にしてしまった。自分の欲求を最大限満たすために、効率的な過ごし方を考える。映画を見て、スポーツを観戦し、ショッピングを楽しんで、ぜいたくな食事をする。

ヒント 「自分だけの時間をも効率化」ってどういうことだろう？

ヒント 効率的に過ごす具体的な例だね。あれこれつめこんでるのかな。

3 語彙力アップ❶ 意味を確認しよう！

効率…❶作業のはかどり具合のこと。❷かけた労力に対する成果のこと。

（今回は❷だね）

さらに語彙力アップ！

類 能率

●高度化…程度の高い様子。

4 語彙力アップ❷ 仕上げのミッション！

今回出てきた言葉を使って文を作成してみよう。「主語と述語の対応」「状況や内容を説明しているか」「句読点を打っているか」などに気をつけて、相手に通じるように書こう。言葉の形は変わっても大丈夫だよ（例：うかがう→うかがった）。

答えは197ページ

シークレット・ミッション！

「効率」という言葉を使って会話してみよう。

その1 言葉と意味が正しい組み合わせになるように、線で結びましょう。

言葉	意味
義理（ぎり）	弱みを隠（かく）すため、勢（いきお）いがあるように見せること
怪訝（けげん）	知性（ちせい）の程度（ていど）が高く、気品があること
高尚（こうしょう）	人としてするべき行い
効率（こうりつ）	作業のはかどり具合のこと
虚勢（きょせい）	あやしむこと

その2　次の文を読み、（　　）の中から正しい語句に○をつけましょう。

◆「おかしいな、どら焼きがなくなったぞ」と彼は（頭・首）をかしげた。

◆約束を破った友達が適当な言い訳をするので思わず（微笑・苦笑）した。

◆作文がわかりにくいから、もっと（抽象・具体）的に書くようアドバイスをもらった。

◆親友とケンカをしてしまい、（険悪・邪悪）な雰囲気になった。

◆電柱に貼ってあるポスターに「パトロール（軽快・警戒）中」と書いてあった。

答えは197ページ

41 固執（こしつ）

1 推測力アップ① **まずは、マンガで推測！** どういう状況を表す言葉なのか、イメージしながら読もう。

2 推測力アップ② **入試に出た文章に挑戦！**（主な出題校　吉祥女子中学校）

前後の内容を手がかりにして、意味を推測しよう。

> そうなると、実は本人もどこまでが実際に経験したことなのか、どこからが想像の産物であるのかがわからなくなるのですが、その迷いを振り切って自分が作り上げたストーリーにいっそう固執するようになるというわけです。
>
> （池内了『なぜ科学を学ぶのか』／ちくまプリマー新書）

手がかりはココ！

そうなると、実は本人もどこまでが実際に経験したことなのか、どこからが想像の産物であるのかがわからなくなるのですが、その迷いを振り切って自分が作り上げたストーリーにいっそう固執するようになるというわけです。

ヒント 「その迷い」は「経験か想像かわからない」ことだね。それを「振り切って」どうなってしまうのかな。

ヒント 「わからない」から立ち止まるのではなく、「わからない」から「自分が作ったストーリー」に進むという反対の内容をつないでいるね。

3 語彙力アップ❶ 意味を確認しよう！

固執…（他人から批判を受けても）自分の考えに、がんこにこだわり続けること。

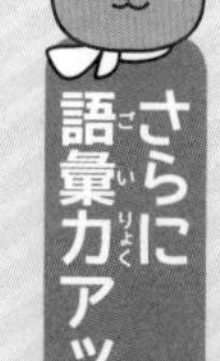
さらに語彙力アップ！

類 執着

●産物…結果。

4 語彙力アップ❷ 仕上げのミッション！

今回出てきた言葉を使って文を作成してみよう。「主語と述語の対応」「状況や内容を説明しているか」「句読点を打っているか」などに気をつけて、相手に通じるように書こう。言葉の形は変わっても大丈夫だよ（例：うかがう→うかがった）。

シークレット・ミッション！

「固執」という言葉を会話の中で自然に使ってみよう。

答えは197ページ

42 懇願（こんがん）

1 推測力アップ❶ **まずは、マンガで推測！**

どういう状況を表す言葉なのか、イメージしながら読もう。

今日、俺の誕生日！
それはめでたいね！
だから今日は宿題をさ…
さて掃除掃除
ねぇ！先生ってば！今日だけはさ！
スタスタスタ

2 推測力アップ❷ **入試に出た文章に挑戦！**（主な出題校　吉祥女子中学校）

前後の内容を手がかりにして、意味を推測しよう。

本来なら、その病院船に乗るのはチヨのはずだった。だが妊婦を外地に送るわけにはいかないと、母親が任務交代を申し出たのだ。仙蔵は母親に「行かないでほしい」と懇願した。頼むから行かないでくれと。

（藤岡陽子『いつまでも白い羽根』／光文社文庫）

手がかりはココ！

本来なら、その病院船に乗るのはチヨのはずだった。だが妊婦を外地に送るわけにはいかないと、母親が任務交代を申し出たのだ。仙蔵は母親に「行かないでほしい」と懇願した。頼むから行かないでくれと。

「頼むから」に、強い気持ちが表れているね。

3 語彙力アップ❶ 意味を確認しよう！

懇願…なんとか頼みをきいてもらおうと願うこと。

さらに語彙力アップ！

類 嘆願　哀願

●任務…役目。

4 語彙力アップ❷ 仕上げのミッション！

今回出てきた言葉を使って文を作成してみよう。「主語と述語の対応」「状況や内容を説明しているか」「句読点を打っているか」などに気をつけて、相手に通じるように書こう。言葉の形は変わっても大丈夫だよ（例：うかがう→うかがった）。

答えは197ページ

シークレット・ミッション！

よい機会なので、何かを「懇願」してみよう！

43 根拠（こんきょ）

1 推測力アップ❶ まずは、マンガで推測！

どういう状況を表す言葉なのか、イメージしながら読もう。

2 推測力アップ❷ 入試に出た文章に挑戦！

（主な出題校　市川中学校）

前後の内容を手がかりにして、意味を推測しよう。

人々の思い込み、心理、期待によって、一枚の紙きれが一万円の価値を持つ。すべての人が一万円の価値があると思うから、一万円分の価値が生じる。この論法を「自己循環論」といいます。おカネの価値に、物理的根拠はない。「皆がおカネだと思って使うから皆がおカネとして使う」という自己循環論が、おカネに価値を与えている。

（岩井克人『おカネとコトバと人間社会』／ちくまプリマー新書『学ぶということ』所収）

手がかりはココ！

人々の思い込み、心理、期待によって、一枚の紙きれが一万円の価値を持つ。すべての人が一万円の価値があると思うから、一万円分の価値が生じる。この論法を「自己循環論」といいます。おカネの価値に、物理的根拠はない。「皆がおカネだと思って使うから皆がおカネとして使う」という自己循環論が、おカネに価値を与えている。

ヒント 単なる紙きれだ、ということだぞ。

ヒント 「ない」とあるときは、何が「ある」のかを考えて読んでみよう。次の文が、おカネが価値をもつ理由だね。

3 語彙力アップ❶ 意味を確認しよう！

根拠…理由。

4 語彙力アップ❷ 仕上げのミッション！

今回出てきた言葉を使って文を作成してみよう。「主語と述語の対応」「状況や内容を説明しているか」「句読点を打っているか」などに気をつけて、相手に通じるように書こう。言葉の形は変わっても大丈夫だよ（例：うかがう→うかがった）。

答えは197ページ

さらに語彙力アップ！

●循環…ひとまわりして元に戻り、それをくり返すこと。

シークレット・ミッション！

「根拠」という言葉を使って会話してみよう。

44 嫉妬（しっと）

1 推測力アップ① まずは、マンガで推測！

どういう状況を表す言葉なのか、イメージしながら読もう。

2 推測力アップ② 入試に出た文章に挑戦！

（主な出題校　開成中学校）

前後の内容を手がかりにして、意味を推測しよう。

もちろん、成功しているチェーン店で商売のイロハを学びたいとか、将来的には本部の社長になりたいという人もいるだろう。しかし大半の人は、「ただなんとなく有名だから」といった漠然とした理由で定置網にはまり、そのなかでうさぎ跳びをしながら、出る杭に嫉妬している。

（山田玲司『非属の才能』／光文社新書）

手がかり はココ！

もちろん、成功しているチェーン店で商売のイロハを学びたいとか、将来的には本部の社長になりたいという人もいるだろう。しかし大半の人は、「ただなんとなく有名だから」といった漠然とした理由で定置網にはまり、そのなかでうさぎ跳びをしながら、出る杭に嫉妬している。

ヒント 網の中で「うさぎ跳び」をしているのだから、「その場から進めない」という意味だな。だから「出る杭」に「嫉妬」しているんだね。

ヒント 「は」とあるので、もしかしたら「対比」になるかもしれないぞ。

ヒント 「定置網」という言葉そのものを知らなくても「定置」と「網」で分けてみたらイメージできるかな。「定」は「定める」という言葉だから「定置網」とは「決まった位置にある網」ということだ。

3 語彙力アップ❶ 意味を確認しよう！

嫉妬…他人が自分よりすぐれていることに対していだくねたみの気持ち。

4 語彙力アップ❷ 仕上げのミッション！

今回出てきた言葉を使って文を作成してみよう。「主語と述語の対応」「状況や内容を説明しているか」「句読点を打っているか」などに気をつけて、相手に通じるように書こう。言葉の形は変わっても大丈夫だよ（例：うかがう→うかがった）。

答えは197ページ

さらに語彙力アップ！

類 やきもち
ジェラシー

シークレット・ミッション！

日常の中で「嫉妬」を見つけてみよう！

45

象徴（しょうちょう）

1 推測力アップ❶ まずは、マンガで推測！

どういう状況を表す言葉なのか、イメージしながら読もう。

2 推測力アップ❷ 入試に出た文章に挑戦！

（主な出題校　頌栄女子学院中学校）

前後の内容を手がかりにして、意味を推測しよう。

サリバン先生は一生懸命ヘレンに指文字を教えようとしましたが、彼女はなかなか覚えなかった。それは、そもそも自分の指に感じる「何か」が、実はことばであって、何かを象徴する「記号」（シンボル）だということがわからなかったからです。

（今井むつみ『ことばの発達の謎を解く』／ちくまプリマー新書）

ヒント

指に感じる何か
＝
ことば
＝
象徴・記号

手がかり はココ！

サリバン先生は一生懸命ヘレンに指文字を教えようとしましたが、彼女はなかなか覚えなかった。それは、そもそも自分の指に感じる「何か」が、実はことばであって、何かを象徴する「記号」（シンボル）だということがわからなかったからです。

「象徴」というのは「記号」や「シンボル」のようだ。

ヒント 「指に触れる何か」＝「ことば」だったんだね。有名なお話だ。

3 語彙力アップ❶ 意味を確認しよう！

象徴…言葉では説明にしにくい考え方を具体的なものによって表すこと。

さらに語彙力アップ！

類 シンボル　表象

4 語彙力アップ❷ 仕上げのミッション！

今回出てきた言葉を使って文を作成してみよう。「主語と述語の対応」「状況や内容を説明しているか」「句読点を打っているか」などに気をつけて、相手に通じるように書こう。言葉の形は変わっても大丈夫だよ（例：うかがう→うかがった）。

「象徴」について身の周りに何があるか考えてみよう。「ハト＝平和」は有名だね。

答えは198ページ

46 衝動（しょうどう）

1 推測力アップ❶ **まずは、マンガで推測！** どういう状況を表す言葉なのか、イメージしながら読もう。

2 推測力アップ❷ **入試に出た文章に挑戦！**（主な出題校　鴎友女子学園中学校）

前後の内容を手がかりにして、意味を推測しよう。

直される前も完璧だったと思っていたのに、今はさっきの演奏がどうしてダメだったのか、ぼくにもわかった。あきらかに、二倍も三倍もよくなっているのだ。頭がくらくらしていた。ワクワクしていた。疲れ果ててはいたけれど、今すぐにでもまた吹きたい衝動にかられていた。

（佐藤まどか『アドリブ』／あすなろ書房）

手がかり はココ！

直される前も完璧だったと思っていたのに、今はさっきの演奏がどうしてダメだったのか、ぼくにもわかった。あきらかに、二倍も三倍もよくなっているのだ。頭がくらくらしていた。ワクワクしていた。疲れ果ててはいたけれど、今すぐにでもまた吹きたい衝動にかられていた。

ヒント 「変化」が描かれているな。もちろん、「二倍も三倍もよくなっている」んだからとてもプラスだ。

ヒント とてもよくなっているんだから「今すぐ」にでも「吹きたい」気持ちになっている、ということかな？

3 語彙力アップ❶ 意味を確認しよう！

衝動…自分の心がつき動かされること。

4 語彙力アップ❷ 仕上げのミッション！

今回出てきた言葉を使って文を作成してみよう。「主語と述語の対応」「状況や内容を説明しているか」「句読点を打っているか」などに気をつけて、相手に通じるように書こう。言葉の形は変わっても大丈夫だよ（例：うかがう→うかがった）。

答えは198ページ

シークレット・ミッション！
おうちの人に「衝動買い」したことがあるか聞いてみよう！

47 人工的（じんこうてき）

1 推測力アップ① まずは、マンガで推測！

どういう状況を表す言葉なのか、イメージしながら読もう。

2 推測力アップ② 入試に出た文章に挑戦！

（主な出題校　浦和明の星中学校）

前後の内容を手がかりにして、意味を推測しよう。

「ラインの外に出ないこと」「手を使わないこと」「チャンスは決められた回数まで」「ボールを前に投げてはいけない」「制限時間を超えてプレイすることは無効」……とにかくスポーツは否定形ばかりなのです。（中略）近代スポーツは、人の動きに対して人工的に制限を課すことで、放っておけばケンカや場合によっては戦争になるものをゲームに変え、競い合うことを可能にしているのです。

（伊藤亜紗『目の見えないアスリートの身体論』／潮新書）

手がかりはココ！

「ラインの外に出ないこと」「手を使わないこと」「チャンスは決められた回数まで」「ボールを前に投げてはいけない」「制限時間を超えてプレイすることは無効」……とにかくスポーツは否定形ばかりなのです。（中略）近代スポーツは、人の動きに対して人工的に制限を課すことで、放っておけばケンカや場合によっては戦争になるものをゲームに変え、競い合うことを可能にしているのです。

ヒント　制限の具体例が文章の最初にたくさん出ていたね。だれが作った制限かな？

3 語彙力アップ① 意味を確認しよう！

人工的…ありのままではなく人の手を加えること。

4 語彙力アップ② 仕上げのミッション！

今回出てきた言葉を使って文を作成してみよう。「主語と述語の対応」「状況や内容を説明しているか」「句読点を打っているか」などに気をつけて、相手に通じるように書こう。言葉の形は変わっても大丈夫だよ（例：うかがう→うかがった）。

答えは198ページ

シークレット・ミッション！

君の周りで「人工的」なものには何があるかな。おうちの人と話してみよう！

48

甚大（じんだい）

1 推測力アップ①

まずは、マンガで推測！

どういう状況を表す言葉なのか、イメージしながら読もう。

え!?
ヒロ、漢字テスト百点なの!?
えっへん
ヒロが満点…だと?
おれらもがんばらなきゃ
やばいな…
う～ん
ヒロ君の与える影響はすさまじいな…

もう少しで50!

2 推測力アップ②

入試に出た文章に挑戦！

前後の内容を手がかりにして、意味を推測しよう。

（主な出題校　芝中学校）

私が研究しているサバクトビバッタは、アフリカの半砂漠地帯に生息し、しばしば大発生して農業に甚大な被害を及ぼす。その被害は聖書やコーランにも記され、ひとたび大発生すると、数百億匹が群れ、天地を覆いつくし、東京都くらいの広さの土地がすっぽりとバッタに覆い尽くされる。

（前野ウルド浩太郎『バッタを倒しにアフリカへ』／光文社新書）

手がかりはココ!

私が研究しているサバクトビバッタは、アフリカの半砂漠地帯に生息し、しばしば大発生して農業に甚大な被害を及ぼす。その被害は聖書やコーランにも記され、ひとたび大発生すると、数百億匹が群れ、天地を覆いつくし、東京都くらいの広さの土地がすっぽりとバッタに覆い尽くされる。

ヒント

「その被害」が、後ろで説明されているんだね。どんな被害かな?

3 語彙力アップ❶ 意味を確認しよう!

甚大…程度がきわめて激しいこと。

さらに語彙力アップ!

類 膨大　莫大　絶大　多大

4 語彙力アップ❷ 仕上げのミッション!

今回出てきた言葉を使って文を作成してみよう。「主語と述語の対応」「状況や内容を説明しているか」「句読点を打っているか」などに気をつけて、相手に通じるように書こう。言葉の形は変わっても大丈夫だよ(例:うかがう→うかがった)。

シークレット・ミッション!

「甚大」という言葉を使って会話してみよう。

答えは198ページ

49 席巻（せっけん）

1 推測力アップ①

まずは、マンガで推測！ どういう状況を表す言葉なのか、イメージしながら読もう。

あれ ヒロ君 筆箱変えた？
そう！縦置きのやつにしたんだよね
スペースの省エネ！
私も縦置き～
カオリちゃんも？
よく見たら みんな縦置きだね
勉強中じゃまに ならないからね

2 推測力アップ②

入試に出た文章に挑戦！ （主な出題校　洗足学園中学校）

前後の内容を手がかりにして、意味を推測しよう。

今は、ネットでのゲームが世の中を席巻していますが、ネットがない一九八〇年から九〇年代は、ファミコンやスーパーファミコン、64などのゲーム機を使って、さまざまなゲームに私たちは夢中になっていたのです。

（好井裕明『「今、ここ」から考える社会学』／ちくまプリマー新書）

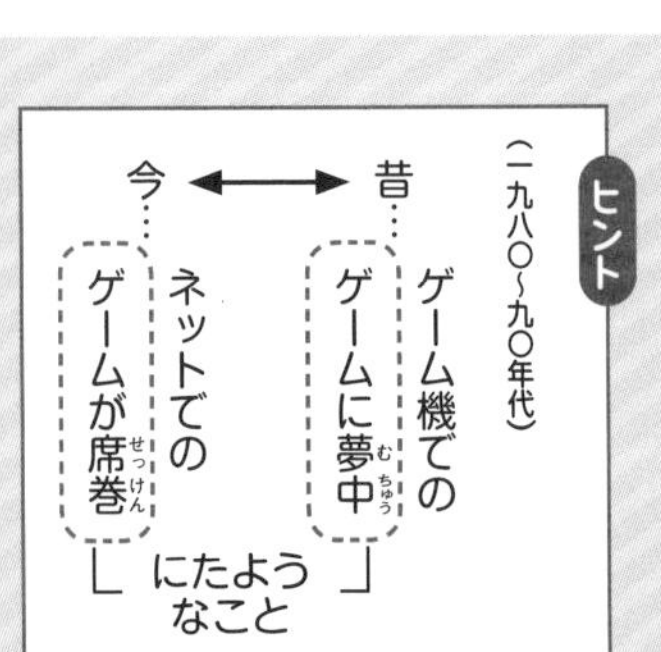

手がかりはココ！

今は、ネットでのゲームが世の中を席巻していますが、ネットがない一九八〇年から九〇年代は、ファミコンやスーパーファミコン、64などのゲーム機を使って、さまざまなゲームに私たちは夢中になっていたのです。

「～など」とあるから、～の部分は具体例だぞ。

ヒント　「昔」と「今」の対比だぞ。「は」や「が」に注目だ。「昔」は家庭用ゲーム機でのゲーム、「今」はネットでのゲーム、という違いだ。

3 語彙力アップ❶ 意味を確認しよう！

席巻…勢いよく広がっていくこと。

4 語彙力アップ❷ 仕上げのミッション！

今回出てきた言葉を使って文を作成してみよう。「主語と述語の対応」「状況や内容を説明しているか」「句読点を打っているか」などに気をつけて、相手に通じるように書こう。言葉の形は変わっても大丈夫だよ（例：うかがう→うかがった）。

答えは198ページ

シークレット・ミッション！

おうちの人に昔「席巻」していたものを説明してもらおう！

50 絶対（ぜったい）

知っている言葉かも？

1 推測力アップ① **まずは、マンガで推測！** どういう状況を表す言葉なのか、イメージしながら読もう。

2 推測力アップ② **入試に出た文章に挑戦！**

（主な出題校　渋谷教育学園幕張中学校）

前後の内容を手がかりにして、意味を推測しよう。

絶対の神を持たない日本人にとって、臨在感的に把握（霊的のような、プラスアルファの力を感じ取ること）し、それが絶対化される対象はあらゆるところにあります。

（大澤真幸『山本七平「空気」の研究』／NHK出版『メディアと私たち』所収）

手がかり はココ！

絶対の神を持たない日本人にとって、臨在感的に把握（霊的のような、プラスアルファの力を感じ取ること）し、それが絶対化される対象はあらゆるところにあります。

ヒント 日本には「絶対」の神はいないようだね。

ヒント 「絶対の神」がいない代わりに、いろんなものを「絶対化」するようだ。

3 語彙力アップ❶ 意味を確認しよう！

絶対…他に対立するものがないこと。

4 語彙力アップ❷ 仕上げのミッション！

今回出てきた言葉を使って文を作成してみよう。「主語と述語の対応」「状況や内容を説明しているか」「句読点を打っているか」などに気をつけて、相手に通じるように書こう。言葉の形は変わっても大丈夫だよ（例：うかがう→うかがった）。

答えは198ページ

さらに語彙力アップ！

対 相対

●臨在…主にキリスト教の用語。見えない神がそこにいること。

シークレット・ミッション！

「絶対」という言葉を会話の中で使ってみよう。

チェックテスト5

その1　次の文を読み、正しい言葉の使われ方であれば○、そうでなければ×と答えましょう。

ハトは平和の**象徴**（しょうちょう）とされている。（　　）

弟が私（わたし）の夏休みの自由研究を壊（こわ）してしまい、**甚大**（じんだい）な被害（ひがい）で済（す）んだ。（　　）

アクシデントが起きたときは、冷静に、落ち着いて**衝動**（しょうどう）的に動くことが大事だ。（　　）

今年の誕生日（たんじょうび）プレゼントはゲームがいいと**懇願**（こんがん）する。（　　）

自分の意見を押（お）し通すには**根拠**（こんきょ）が必要だ。（　　）

その2 次の文を読み、（　）にふさわしい言葉を、語群の中から記号で選びましょう。

◆現代はスマートフォンが（　　　）している時代だ。

◆なんでもできすぎる彼に（　　　）してしまうことがある。

◆（　　　）なものばかりに囲まれていると自然あふれる場所に行きたくなる。

◆あまりテストの点数ばかりに（　　　）しないほうがよい。

◆だれかと比べる相対的な評価ではなく、（　　　）的な評価が重要だ。

ア 人工的　イ 固執　ウ 嫉妬　エ 席巻　オ 絶対

答えは198ページ

51 前提（ぜんてい）

1 推測力アップ① まずは、マンガで推測！

どういう状況を表す言葉なのか、イメージしながら読もう。

先生…相談があるんだけど
どうしたの？
親に言わないと約束してくれるなら相談する
約束するよ
実は…先生にもらった漢字冊子なくしちゃって！
あれ!?

2 推測力アップ② 入試に出た文章に挑戦！

（主な出題校　豊島岡女子学園中学校）

前後の内容を手がかりにして、意味を推測しよう。

不思議議な話ですけれど、愛の告白も、恩師への感謝のことばも、どちらも「あなたの真価は（私以外の）誰にも認められないだろう」という「世間」からの否定的評価を**前提**にしているのです。

（内田樹『先生はえらい』／ちくまプリマー新書）

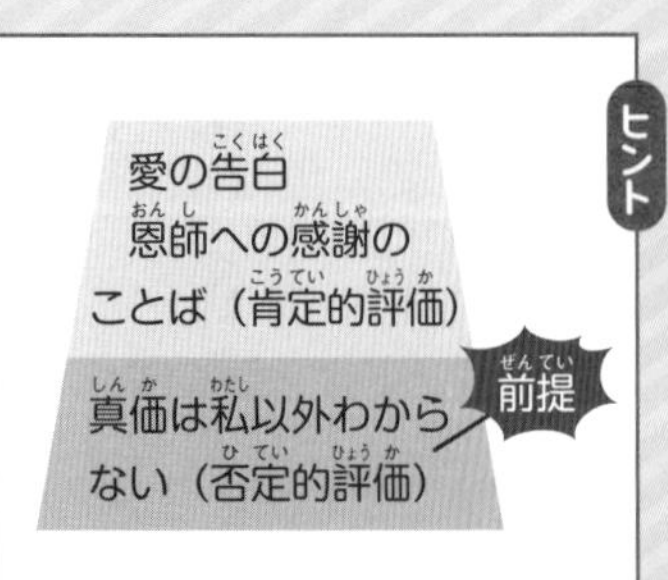

手がかり はココ！

不思議な話ですけれど、愛の告白も、恩師への感謝のことばも、どちらも「あなたの真価は（私以外の）誰にも認められないだろう」という「世間」からの否定的評価を前提にしているのです。

ヒント　「愛の告白」や「恩師への感謝」といったプラスのものの、土台にあるのが「否定的評価」のようだぞ。

3

語彙力アップ❶ **意味を確認しよう！**

前提：ある物事が成り立つために必要な前置きや条件。

4

語彙力アップ❷ **仕上げのミッション！**

今回出てきた言葉を使って文を作成してみよう。「主語と述語の対応」「状況や内容を説明しているか」「句読点を打っているか」などに気をつけて、相手に通じるように書こう。言葉の形は変わっても大丈夫だよ（例：うかがう→うかがった）。

答えは198ページ

シークレット・ミッション！

身の周りにある「前提」の例をおうちの人に説明してもらおう！

52 鮮明（せんめい）

「鮮やか」と「明るい」か

1 推測力アップ❶ まずは、マンガで推測！

どういう状況を表す言葉なのか、イメージしながら読もう。

2 推測力アップ❷ 入試に出た文章に挑戦！

（主な出題校　開成中学校）

前後の内容を手がかりにして、意味を推測しよう。

ボサボサ頭のさっちゃん。真剣に自転車をこいで、ジグザグに大きな車の間を通り抜けていたさっちゃん。運動会の帰り、お母さんとお父さんに挟まれて歩いていった、さっちゃんの後ろ姿。今頃になって、わたしは、さっちゃんを前よりも鮮明に思い出している。

（華恵『本を読むわたし／ちくま文庫』）

手がかりはココ！

ボサボサ頭のさっちゃん。真剣に自転車をこいで、ジグザグに大きな車の間を通り抜けていたさっちゃん。運動会の帰り、お母さんとお父さんに挟まれて歩いていった、さっちゃんの後ろ姿。今頃になって、わたしは、さっちゃんを前よりも鮮明に思い出している。

ヒント　さっちゃんのことを具体的に思い出しているようだね。ということは、どんな意味だろう？

3　語彙力アップ❶　意味を確認しよう！

鮮明…はっきりしていて鮮やかな様子。

4　語彙力アップ❷　仕上げのミッション！

今回出てきた言葉を使って文を作成してみよう。「主語と述語の対応」「状況や内容を説明しているか」「句読点を打っているか」などに気をつけて、相手に通じるように書こう。言葉の形は変わっても大丈夫だよ（例：うかがう→うかがった）。

答えは198ページ

シークレット・ミッション！　おうちの人に今でも「鮮明」に思い出せる話をしてもらおう。

53 喪失（そうしつ）

1 推測力アップ① まずは、マンガで推測！

どういう状況を表す言葉なのか、イメージしながら読もう。

2 推測力アップ② 入試に出た文章に挑戦！

前後の内容を手がかりにして、意味を推測しよう。

（主な出題校　慶應義塾普通部）

ところで、このごろ私たちが、急激に想像力を**喪失**していることにお気付きだろうか。実に急激に、である。ぼんやりと物思うことがなくなった。書物や新聞が、SNSやゲームに入れかわっただけではなく、多くの人が物思う時間を掌の中の小さなロボットに奪われてしまった。

（浅田次郎『考える葦』／小学館『見果てぬ花』所収）

ヒント

これまで…書物・新聞 → 物思う時間があった

↕

今……SNS・ゲーム → 物思う時間なし → 急激に想像力が喪失

だけではなく

掌の小さなロボット

手がかりはココ！

ところで、このごろ私たちが、急激に想像力を喪失していることにお気付きだろうか。実に急激に、である。ぼんやりと物思うことがなくなった。書物や新聞が、SNSやゲームに入れかわっただけではなく、多くの人が物思う時間を掌の中の小さなロボットに奪われてしまった。

ヒント 「想像力」がどうなったのだろう？

ヒント 「想像力」を育むために必要なことがなくなったんだね。ということは？

ヒント これは「スマートフォン」のことだね。

3 語彙力アップ① 意味を確認しよう！

喪失…（自分にとって大切なものを）失うこと。

4 語彙力アップ② 仕上げのミッション！

今回出てきた言葉を使って文を作成してみよう。「主語と述語の対応」「状況や内容を説明しているか」「句読点を打っているか」などに気をつけて、相手に通じるように書こう。言葉の形は変わっても大丈夫だよ（例：うかがう→うかがった）。

答えは198ページ

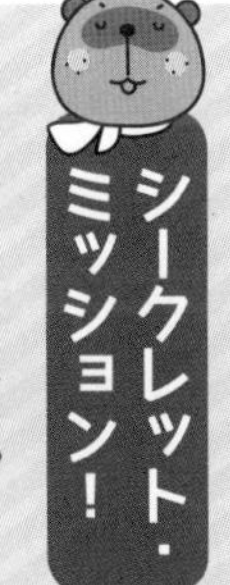

シークレット・ミッション！

会話の中で「喪失」を使ってみよう。

54 相対（そうたい）

1 推測力アップ❶ **まずは、マンガで推測！** どういう状況を表す言葉なのか、イメージしながら読もう。

2 推測力アップ❷ **入試に出た文章に挑戦！**（主な出題校　ラ・サール中学校）

前後の内容を手がかりにして、意味を推測しよう。

光を求める植物たちにとって、自分がどれだけ伸びたのかという絶対的な高さは、じつは重要ではありません。光を浴びるために大切なのは、他の植物よりも、少しでも高く伸びるという**相対**的な高さです。

（稲垣栄洋『はずれ者が進化をつくる』／ちくまプリマー新書）

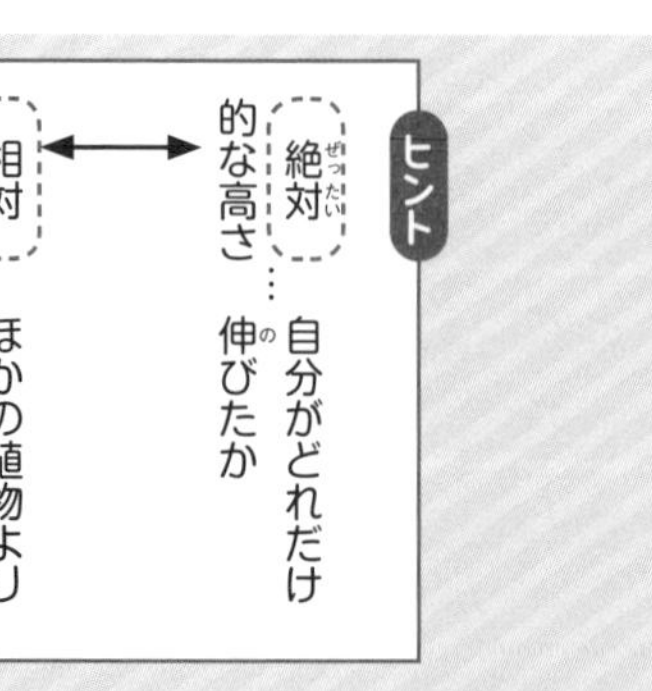

ヒント

絶対的な高さ…自分がどれだけ伸びたか

↕

相対的な高さ…ほかの植物よりも伸びたか

手がかりはココ！

光を求める植物たちにとって、自分がどれだけ伸びたのかという絶対的な高さは、じつは重要ではありません。光を浴びるために大切なのは、他の植物よりも、少しでも高く伸びるという相対的な高さです。

ヒント　「他の植物よりも」とあるから、自分と対比させていることがわかるな。「相対」はこういうときに使われるぞ。

ヒント　「絶対」って、どういう意味だったっけ？「自分がどれだけ伸びたのか」という部分もヒントだ。

3 語彙力アップ❶ 意味を確認しよう！

相対…他と関連させることでとらえること。

さらに語彙力アップ！

対　絶対

4 語彙力アップ❷ 仕上げのミッション！

今回出てきた言葉を使って文を作成してみよう。「主語と述語の対応」「状況や内容を説明しているか」「句読点を打っているか」などに気をつけて、相手に通じるように書こう。言葉の形は変わっても大丈夫だよ（例：うかがう→うかがった）。

入試では「相対的」や「相対化」として出てくることが多いぞ。

答えは198ページ

シークレット・ミッション！

「相対」という言葉を会話の中で自然に使ってみよう。

55 そぶり

1 推測力アップ❶ まずは、マンガで推測！

どういう状況を表す言葉なのか、イメージしながら読もう。

2 推測力アップ❷ 入試に出た文章に挑戦！

（主な出題校　浦和明の星中学校）

前後の内容を手がかりにして、意味を推測しよう。

母親は祖母と仲がわるいそぶりも見せず、僕たちには祖父母を大切にするようにと、しつこいくらい口にしていた（中略）。

（神田茜『クリームシチュー』／集英社文庫『母のあしあと』所収）

ヒント

母親…　祖母と仲がわるいそぶりを見せない
＝
祖父母を大切にするように

手がかりはココ！

母親は祖母と仲がわるいそぶりも見せず、僕たちには祖父母を大切にするようにと、しつこいくらい口にしていた（中略）。

ヒント お母さんは「仲がわるい」ようなところは見せず、「大切にしなさい」と言っていたんだね。

3 語彙力アップ❶ 意味を確認しよう！

そぶり…顔色や動作によって相手に知られる気配。

4 語彙力アップ❷ 仕上げのミッション！

今回出てきた言葉を使って文を作成してみよう。「主語と述語の対応」「状況や内容を説明しているか」「句読点を打っているか」などに気をつけて、相手に通じるように書こう。言葉の形は変わっても大丈夫だよ（例：うかがう→うかがった）。

答えは198ページ

シークレット・ミッション！

「そぶり」という言葉を会話の中で自然に使ってみよう！

56 高笑い（たかわらい）

1 推測力アップ① まずは、マンガで推測！

どういう状況を表す言葉なのか、イメージしながら読もう。

お父さん！
…間違えた先生…
お父さんだって！
ギャハハハ
笑いすぎじゃない？
ヒロだって学校の先生を「ママ」って呼んだことあったでしょ
アハハハ
まさに因果応報…

2 推測力アップ② 入試に出た文章に挑戦！

（主な出題校　桜蔭中学校）

前後の内容を手がかりにして、意味を推測しよう。

まえに、うちが「肩からつるすズボンみたいなやつ、はいてみたい」言うたら、真紀ちゃん、「それ、ひょっとしてサロペットのことちゃう？」なんて、ケモノの目をギラギラさせて、つっこむねん。「肩からつるすズボンとか、ウケる！」なんて、ケラケラ高笑いや。

（森絵都『あの子がにがて』／小峰書店『あしたのことば』所収）

手がかりはココ！

まえに、うちが「肩からつるすズボンみたいなやつ、はいてみたい」言うたら、真紀ちゃん、「それ、ひょっとしてサロペットのことちゃう？」なんて、ケモノの目をギラギラさせて、つっこむねん。「肩からつるすズボンとか、ウケる！」なんて、ケラケラ高笑いや。

ヒント　どのような様子かな？悪意がある感じがするね。

3　語彙力アップ❶　意味を確認しよう！

ヒント　真紀のセリフや「ケラケラ」といった内容から、「高笑い」の意味が推測できそうだね。

高笑い…遠慮なく、大声を出して笑うこと。

さらに語彙力アップ！

類　大笑い

4　語彙力アップ❷　仕上げのミッション！

今回出てきた言葉を使って文を作成してみよう。「主語と述語の対応」「状況や内容を説明しているか」「句読点を打っているか」などに気をつけて、相手に通じるように書こう。言葉の形は変わっても大丈夫だよ（例：うかがう→うかがった）。

答えは198ページ

シークレット・ミッション！

「高笑い」を会話の中で使ってみよう！　自然にね！

57 端的（たんてき）

「端的」って説明文でもよく見るかも

推測力アップ① まずは、マンガで推測！

どういう状況を表す言葉なのか、イメージしながら読もう。

先生…昨日さサッカーの試合だったんだよね
ほう

勝っちゃったもんだから打ち上げもあってね
ほうほう

昨日家に帰るのも遅くてさ
で、つまりは？

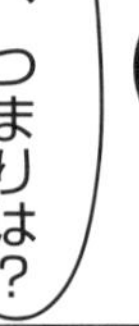

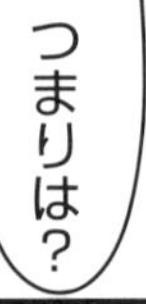

ごめん！宿題忘れた！
はじめからそう言えばいいのに

推測力アップ② 入試に出た文章に挑戦！

（主な出題校　渋谷教育学園渋谷中学校）

前後の内容を手がかりにして、意味を推測しよう。

グローバル化とは、端的にいえば、「利益」や「幸福」や「自由」を求める人間の欲望の空間的な展開といってよい。

（佐伯啓思『「脱」戦後のすすめ』／中公新書ラクレ）

手がかりはココ！

グローバル化とは、端的にいえば、「利益」や「幸福」や「自由」を求める人間の欲望の空間的な展開といってよい。

ヒント 「～とは」とあるから、「とは」の前後は同じ内容だな。

ヒント 長々と説明するのではなく、短く説明していることに注目だ。

ヒント 世界規模のことだ。

ヒント 地球という場所にどんどん広がっていくということだね。

3 語彙力アップ❶ 意味を確認しよう！

端的…てっとり早い様子。

4 語彙力アップ❷ 仕上げのミッション！

今回出てきた言葉を使って文を作成してみよう。「主語と述語の対応」「状況や内容を説明しているか」「句読点を打っているか」などに気をつけて、相手に通じるように書こう。言葉の形は変わっても大丈夫だよ（例：うかがう→うかがった）。

答えは198ページ

さらに語彙力アップ！

- グローバル…世界規模であるさま。
- 欲望…何かを欲しいと求めること。

シークレット・ミッション！

だれかの長い会話を「端的」にまとめてみよう。ただし、けんかにならないようにね。

58 秩序（ちつじょ）

1 推測力アップ① まずは、マンガで推測！

どういう状況を表す言葉なのか、イメージしながら読もう。

もう少しで60！

2 推測力アップ② 入試に出た文章に挑戦！

（主な出題校　鷗友女子学園中学校）

前後の内容を手がかりにして、意味を推測しよう。

つまり、季節の変わり目には、からだのシステムが冬の寒さを乗り切るモードから、夏の暑さに備えるモードへと自動的に変化していくので、システム全体を一度更新する必要があるのです。古い秩序を壊して新たな秩序を作り直すことで、免疫システムを変化させていると考えることができます。

（稲葉俊郎『からだとこころの健康学』／NHK出版）

ヒント

冬……寒さを乗り切るモード
↓
夏……暑さに備えるモード
＝
古い秩序から新しい秩序

手がかり はココ！

つまり、季節の変わり目には、からだのシステムが冬の寒さを乗り切るモードから、夏の暑さに備えるモードへと自動的に変化していくので、システム全体を一度更新する必要があるのです。古い秩序を壊して新たな秩序を作り直すことで、免疫システムを変化させていると考えることができます。

ヒント 季節の部分が「秩序」の具体的な説明だね。

3 語彙力アップ❶ 意味を確認しよう！

秩序…物事を正しく保つための一定の決まり。

4 語彙力アップ❷ 仕上げのミッション！

今回出てきた言葉を使って文を作成してみよう。「主語と述語の対応」「状況や内容を説明しているか」「句読点を打っているか」などに気をつけて、相手に通じるように書こう。言葉の形は変わっても大丈夫だよ（例：うかがう→うかがった）。

答えは199ページ

シークレット・ミッション！

周りにある「秩序」についておうちの人と会話してみよう。

59 抽象（ちゅうしょう）

1 推測力アップ① まずは、マンガで推測！

どういう状況を表す言葉なのか、イメージしながら読もう。

サッカー以外にもスポーツやりたいなぁ
何に興味があるの？
うーん スポーツならなんでも
陸上競技なのか球技なのかは？
とにかくスポーツなら！
ずいぶんざっくりしているねぇ

2 推測力アップ② 入試に出た文章に挑戦！

（主な出題校　明治大学付属明治中学校）

前後の内容を手がかりにして、意味を推測しよう。

一般に、抽象的な記述を読んで、その記述がむずかしいと思ったら、その理屈を一つの具体的な場合にあてはめてみたらどうなるだろうか、ということを想像してみるのはよい工夫です。

（加藤周一『読書術』／岩波現代文庫）

ヒント

抽象的な記述
＝
むずかしい
（＝わからない）
→
具体的に考えてみる
＝
わかるようになる

手がかり はココ！

一般に、抽象的な記述を読んで、その記述がむずかしいと思ったら、その理屈を一つの具体的な場合にあてはめてみたらどうなるだろうか、ということを想像してみるのはよい工夫です。

ヒント 「具体的」とは違うもののようだね。

3 語彙力アップ❶ 意味を確認しよう！

抽象…具体的なものの間に共通することがらを引き出すこと。

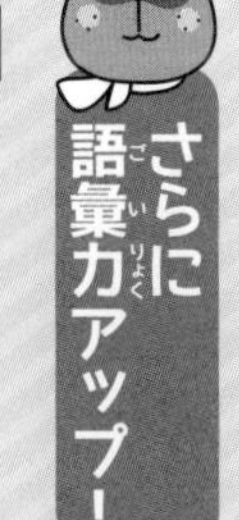

さらに語彙力アップ！

対 具体

4 語彙力アップ❷ 仕上げのミッション！

今回出てきた言葉を使って文を作成してみよう。「主語と述語の対応」「状況や内容を説明しているか」「句読点を打っているか」などに気をつけて、相手に通じるように書こう。言葉の形は変わっても大丈夫だよ（例：うかがう→うかがった）。

答えは199ページ

シークレット・ミッション！

具体例をいくつか挙げて、おうちの人に「抽象」してもらおう。

60 生返事（なまへんじ）

聞いたことのない言葉だけど…

1 推測力アップ① まずは、マンガで推測！

どういう状況を表す言葉なのか、イメージしながら読もう。

2 推測力アップ② 入試に出た文章に挑戦！

（主な出題校 開成中学校）

前後の内容を手がかりにして、意味を推測しよう。

前々から遠足にはいて行くズックを買ってくれるように頼んでおいたのに、明日が遠足だという今日になっても、まだ買ってもらえなかった。（中略）ゆうべも母親によく頼んでおいたけれど、母親は生返事ばかりで、買ってやるとも、買ってやらないとも、言わなかった。

（最上一平『糸』／新日本出版社『銀のうさぎ』所収）

手がかり はココ！

前々から遠足にはいて行くズックを買ってくれるように頼んでおいたのに、明日が遠足だという今日になっても、まだ買ってもらえなかった。（中略）ゆうべも母親によく頼んでおいたけれど、母親は生返事ばかりで、買ってやるとも、買ってやらないとも、言わなかった。

ヒント 「前々から」ということからそれだけ主人公にとっては重要だったことがわかるね。

ヒント 「も」とあるから、再度「よく」確認したんだ。主人公の気持ちがわかるね。

ヒント 「買う」とも「買わない」とも言わない、ということは？

3 語彙力アップ❶ 意味を確認しよう！

生返事…気乗りしないときに使う、はっきりしない返事。

4 語彙力アップ❷ 仕上げのミッション！

今回出てきた言葉を使って文を作成してみよう。「主語と述語の対応」「状況や内容を説明しているか」「句読点を打っているか」などに気をつけて、相手に通じるように書こう。言葉の形は変わっても大丈夫だよ（例：うかがう→うかがった）。

答えは199ページ

シークレット・ミッション！

「生返事」という言葉を会話の中で使ってみよう！

チェックテスト⑥

語彙51〜60

その1 言葉と意味が正しい組み合わせになるように、線で結びましょう。

言葉	意味
抽象（ちゅうしょう）	大切なものを失うこと
喪失（そうしつ）	てっとり早い様子
相対	一定の決まり
秩序（ちつじょ）	共通することがらを引き出すこと
端的（たんてき）	他と関連させることでとらえること

その2

次の文を読み、正しい言葉の使われ方であれば○、そうでなければ×と答えましょう。

（　　）昨年の家族旅行の思い出が**鮮明**（せんめい）に思い出される。

（　　）友達が先生に怒（おこ）られている様子がおもしろく、静かに**高笑い**（たかわらい）する。

（　　）出欠確認（かくにん）のときに、元気よく**生返事**（なまへんじ）をする。

（　　）中学受験をすることを**前提**（ぜんてい）として塾（じゅく）に通っている。

（　　）野球がうまくなりたいので、今日もバットを**そぶり**する。

答えは199ページ

61 拍車をかける（はくしゃをかける）

1 推測力アップ❶ **まずは、マンガで推測！** どういう状況を表す言葉なのか、イメージしながら読もう。

2 推測力アップ❷ **入試に出た文章に挑戦！**（主な出題校　芝中学校）

前後の内容を手がかりにして、意味を推測しよう。

地球上の陸地面積の20％がこのバッタの被害に遭い、年間の被害総額は西アフリカだけで400億円以上にも及び、アフリカの貧困に拍車をかける一因となっている。

（前野ウルド浩太郎『バッタを倒しにアフリカへ』／光文社新書）

手がかりはココ!

地球上の陸地面積の20%がこのバッタの被害に遭い、年間の被害総額は西アフリカだけで400億円以上にも及び、アフリカの貧困に拍車をかける一因となっている。

ヒント 貧困の国なのに、バッタで400億円以上被害を受けたら大変だ!

3 語彙力アップ❶ 意味を確認しよう!

拍車をかける… 物事の進行をおし進める。

4 語彙力アップ❷ 仕上げのミッション!

今回出てきた言葉を使って文を作成してみよう。「主語と述語の対応」「状況や内容を説明しているか」「句読点を打っているか」などに気をつけて、相手に通じるように書こう。言葉の形は変わっても大丈夫だよ(例:うかがう→うかがった)。

答えは199ページ

さらに語彙力アップ!

● 一因… 一つの原因。

「拍車をかけて」など形を変えても大丈夫。

シークレット・ミッション!

「拍車をかける」という言葉を会話で使ってみよう。

62 美学（びがく）

1 推測力アップ❶ **まずは、マンガで推測！** どういう状況を表す言葉なのか、イメージしながら読もう。

2 推測力アップ❷ **入試に出た文章に挑戦！** （主な出題校　浦和明の星中学校）

前後の内容を手がかりにして、意味を推測しよう。

典型的な例は、現在でもしばしば話題となる八頭身の美学であろう。人間の頭部と身長が一対八の比例関係にあるとき最も美しいという考え方は、紀元前四世紀のギリシャにおいて成立した美の原理である。

（高階秀爾『日本人にとって美しさとは何か』／筑摩書房）

ヒント

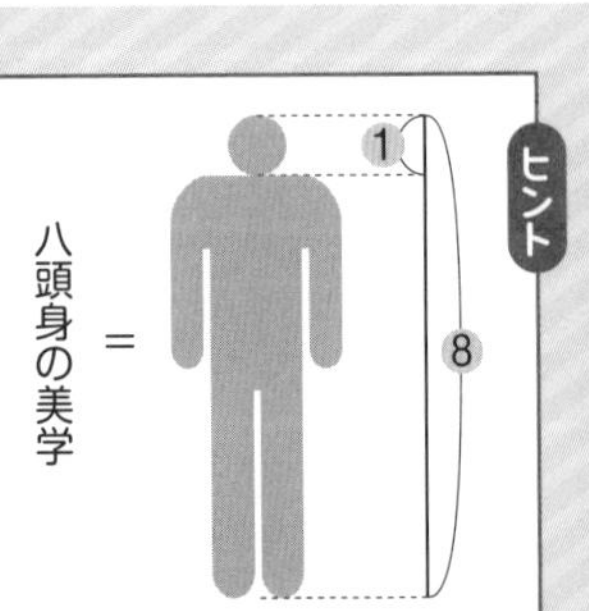

手がかりはココ！

典型的な例は、現在でもしばしば話題となる八頭身の美学であろう。人間の頭部と身長が一対八の比例関係にあるとき最も美しいという考え方は、紀元前四世紀のギリシャにおいて成立した美の原理である。

「美」に対する考え方のようだね。

ヒント「八頭身の美学」の説明だね。

3 語彙力アップ① 意味を確認しよう！

美学…①美がどのようなものであるかを研究する学問。②美意識。

さらに語彙力アップ！

●原理…法則。ルール。

4 語彙力アップ② 仕上げのミッション！

今回出てきた言葉を使って文を作成してみよう。「主語と述語の対応」「状況や内容を説明しているか」「句読点を打っているか」などに気をつけて、相手に通じるように書こう。言葉の形は変わっても大丈夫だよ（例：うかがう→うかがった）。

答えは199ページ

君にとっての「美学」を説明してみよう。

63 引け目（ひけめ）

推測力アップ① **まずは、マンガで推測！** どういう状況を表す言葉なのか、イメージしながら読もう。

推測力アップ② **入試に出た文章に挑戦！**（主な出題校　洗足学園中学校）

前後の内容を手がかりにして、意味を推測しよう。

> しかし、プロの棋士になる以外に、国立大学の医学部に現役で合格した兄と肩を並べる方法はない。棋士になれば、兄に対して引け目を感じなくて済む。
>
> （佐川光晴『駒音高く』／実業之日本社文庫）

手がかりはココ!

しかし、プロの棋士になる以外に、**国立大学の医学部に現役で合格した兄**と肩を並べる方法はない。**棋士になれば**、兄に対して引け目を感じなくて済む。

「棋士」になれば「引け目」を感じなくて済む、ということは「今」は「引け目」を感じているんだね。どんなものだろう?

ヒント
「兄」は、現役で国立大学医学部に合格するというとても難しいことを達成したんだね。

3 語彙力アップ① 意味を確認しよう!

引け目…相手に対して自分が劣っていると考えること。

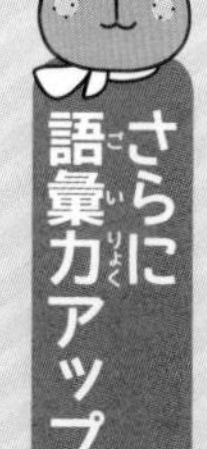

さらに語彙力アップ!

類 劣等感
対 優越感

●**肩を並べる**…同じ程度の力をもつ。

4 語彙力アップ② 仕上げのミッション!

今回出てきた言葉を使って文を作成してみよう。「主語と述語の対応」「状況や内容を説明しているか」「句読点を打っているか」などに気をつけて、相手に通じるように書こう。言葉の形は変わっても大丈夫だよ(例:うかがう→うかがった)。

答えは199ページ

シークレット・ミッション!

会話の中で「引け目」という言葉を使ってみよう!

64 不意に（ふいに）

1 推測力アップ① まずは、マンガで推測！

どういう状況を表す言葉なのか、イメージしながら読もう。

2 推測力アップ② 入試に出た文章に挑戦！

（主な出題校　麻布中学校）

前後の内容を手がかりにして、意味を推測しよう。

「わかんねえ」「わかんないの？　何が？　質問なら、ボクのわかる範囲ならなんでもお答えするよ」不意に、会話に割りこまれて、おれたちは同時にその声のほうへ鼻を向けた。「やあ」オスのシカがいた。

（吉野万里子『ロバのサイン会』／光文社文庫）

手がかり はココ！

「わかんねえ」「わかんないの？　何が？　質問なら、ボクのわかる範囲ならなんでもお答えするよ」不意に、会話に割りこまれて、おれたちは同時にその声のほうへ鼻を向けた。「やあ」オスのシカがいた。

ヒント 会話に入ってきたのはどうやら知らないシカらしいね。

ヒント 割りこまれたということはいきなり、だれかが会話に入ってきたんだね。

3 語彙力アップ① 意味を確認しよう！

不意に…予想していない事態が突然起きること。

さらに語彙力アップ！

類 いきなり　出し抜け

●事態…（あまり好ましくない）状況。

4 語彙力アップ② 仕上げのミッション！

今回出てきた言葉を使って文を作成してみよう。「主語と述語の対応」「状況や内容を説明しているか」「句読点を打っているか」などに気をつけて、相手に通じるように書こう。言葉の形は変わっても大丈夫だよ（例：うかがう→うかがった）。

答えは199ページ

シークレット・ミッション！

「不意に」起きた出来事をおうちの人に説明してみよう。

65 俯瞰（ふかん）

1 推測力アップ① まずは、マンガで推測！

どういう状況を表す言葉なのか、イメージしながら読もう。

2 推測力アップ② 入試に出た文章に挑戦！

（主な出題校　慶應義塾普通部）

前後の内容を手がかりにして、意味を推測しよう。

かく言う私は窓側派である。機内から下界を俯瞰し、あるいは雲のかたちや風の行方をながめながらぼんやりと物思う。至福の時間である。

（浅田次郎『考える葦』／小学館『見果てぬ花』所収）

ヒント

手がかりはココ！

かく言う私は窓側派である。機内から下界を俯瞰し、あるいは雲のかたちや風の行方をながめながらぼんやりと物思う。至福の時間である。

ヒント 「飛行機」の中から「下の景色」を見ている、ということだね。

3 語彙力アップ❶ 意味を確認しよう！

俯瞰…高い所から広く見渡すこと。

4 語彙力アップ❷ 仕上げのミッション！

今回出てきた言葉を使って文を作成してみよう。「主語と述語の対応」「状況や内容を説明しているか」「句読点を打っているか」などに気をつけて、相手に通じるように書こう。言葉の形は変わっても大丈夫だよ（例：うかがう→うかがった）。

答えは199ページ

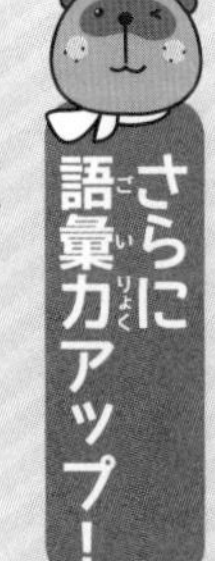

さらに語彙力アップ！

類 鳥瞰

対 仰視

●至福…この上ない幸福。

「広い視野で物事を考える」と比ゆ的な意味で使われることもよくあるよ。

シークレット・ミッション！

自分が「俯瞰」してみたことを話してみよう。

66 普及（ふきゅう）

1 推測力アップ① まずは、マンガで推測！

どういう状況を表す言葉なのか、イメージしながら読もう。

2 推測力アップ② 入試に出た文章に挑戦！

（主な出題校　武蔵中学校）

前後の内容を手がかりにして、意味を推測しよう。

人様のお宅を訪問すると、その家の独特の匂いに誰しも気づくものですが、数年前からスプレー式の消臭剤が普及して、お客さまが見える前にはシュッシュッとスプレーをして、室内の空気やカーテンの臭いを消すことが習慣化しているようです。

（加藤博子『五感の哲学』／ベスト新書）

ヒント

これまで…家の独特の匂い
↕ 消臭剤の普及
今……臭いを消すことが習慣化

手がかりはココ!

人様のお宅を訪問すると、その家の独特の匂いに誰しも気づくものですが、数年前からスプレー式の消臭剤が普及して、お客さまが見える前にはシュッシュッとスプレーをして、室内の空気やカーテンの臭いを消すことが習慣化しているようです。

3 語彙力アップ① 意味を確認しよう!

普及…あるものや考え方が広く行きわたること。

4 語彙力アップ② 仕上げのミッション!

今回出てきた言葉を使って文を作成してみよう。「主語と述語の対応」「状況や内容を説明しているか」「句読点を打っているか」などに気をつけて、相手に通じるように書こう。言葉の形は変わっても大丈夫だよ(例:うかがう→うかがった)。

答えは199ページ

ヒント 「数年前から」とあるから、昔と今を比べる内容かもね。

ヒント 「普及」したことで臭いを消すことが「習慣化」されたんだね。ということは、「普及」とはどういう意味だろう。

さらに語彙力アップ!

類 流布

シークレット・ミッション!

「普及」したものを具体例を挙げておうちの人と話してみよう。

67 不当（ふとう）

1 推測力アップ① まずは、マンガで推測！ どういう状況を表す言葉なのか、イメージしながら読もう。

もうすぐ70！

2 推測力アップ② 入試に出た文章に挑戦！（主な出題校　海城中学校）

前後の内容を手がかりにして、意味を推測しよう。

ちゃんと頼まれていないし、ちゃんとお礼も言われていない。急にそんな考えが湧いて、香奈枝を責める気持ちがむくむくと湧き上がった。ちゃんと頼ませないように、ありがとうを言わせないように、そうしたのは自分だったのに、どういうわけか、酷く不当なことをされた気がした。

（朝比奈あすか『君たちは今が世界』／角川文庫）

手がかり はココ！

ちゃんと頼まれていないし、ちゃんとお礼も言われていない。急にそんな考えが湧いて、香奈枝を責める気持ちがむくむくと湧き上がった。ちゃんと頼ませないように、ありがとうを言わせないように、そうしたのは自分だったのに、どういうわけか、酷く不当なことをされた気がした。

ヒント 「そんな考え」はすぐ前の内容だね。頼まれていないことやお礼も言われていないことが「責める気持ち」の理由のようだ。

ヒント これも前に書いてあるね。頼ませないように、ありがとうと言わせないようにした、ということだね。それなのに香奈枝のことをどう思ったのだろう？

3

語彙力アップ❶ 意味を確認しよう！

不当…物事の筋道から外れていること。

さらに語彙力アップ！

類 不正

4

語彙力アップ❷ 仕上げのミッション！

今回出てきた言葉を使って文を作成してみよう。「主語と述語の対応」「状況や内容を説明しているか」「句読点を打っているか」などに気をつけて、相手に通じるように書こう。言葉の形は変わっても大丈夫だよ（例：うかがう→うかがった）。

答えは199ページ

シークレット・ミッション！

「不当」という言葉を使って会話してみよう。

68 普遍(ふへん)

1 推測力アップ① まずは、マンガで推測!どういう状況を表す言葉なのか、イメージしながら読もう。

2 推測力アップ② 入試に出た文章に挑戦!

前後の内容を手がかりにして、意味を推測しよう。

(主な出題校　頌栄女子学院中学校)

しかし、いったん善悪について正面から問い始めると、私たちは道徳的な善悪に普遍性があるのだろうか、あるとしたらどのようにしてあるのだろうか、あるいは、道徳的な善が普遍的ならどうして悪いことをする人がいるのだろうか、という問いに巻き込まれます。

(御子柴善之『自分で考える勇気　カント哲学入門』/岩波ジュニア新書)

手がかりはココ！

しかし、いったん善悪について正面から問い始めると、私たちは道徳的な善悪に普遍性があるのだろうか、あるとしたらどのようにしてあるのだろうか、あるいは、道徳的な善が普遍的ならどうして悪いことをする人がいるのだろうか、という問いに巻き込まれます。

ヒント　「普遍」という言葉が2回出てきたぞ。

ヒント　「道徳的な善」が「普遍的」だったら、「悪いことをする人」はいなくなるんだね。

3 語彙力アップ① 意味を確認しよう！

普遍…広く行きわたり、いつでもどこでも通用すること。

さらに語彙力アップ！

対　特殊　例外

4 語彙力アップ② 仕上げのミッション！

今回出てきた言葉を使って文を作成してみよう。「主語と述語の対応」「状況や内容を説明しているか」「句読点を打っているか」などに気をつけて、相手に通じるように書こう。言葉の形は変わっても大丈夫だよ（例：うかがう→うかがった）。

答えは199ページ

シークレット・ミッション！

「普遍」という言葉を会話の中で自然に使ってみよう。

69 閉口（へいこう）

1 推測力アップ① まずは、マンガで推測！

どういう状況を表す言葉なのか、イメージしながら読もう。

2 推測力アップ② 入試に出た文章に挑戦！

（主な出題校　栄光学園中学校）

前後の内容を手がかりにして、意味を推測しよう。

「本当に大丈夫なの？　お母さん、車で送ってあげようか」昨日から何度も同じことを繰り返す母親に、いい加減、朔も閉口した。「もしなにかあったら」「母さん、オレいくつだと思ってんの？　アズも一緒なんだし、心配ないから」

（いとうみく『朔と新』／講談社）

手がかりはココ！

「本当に大丈夫なの？　お母さん、車で送ってあげようか」昨日から何度も同じことを繰り返す母親に、いい加減、朔も閉口した。「もしなにかあったら」「母さん、オレいくつだと思ってんの？　アズも一緒なんだし、心配ないから」

ヒント　このセリフからは「母親の行為」を「素直に受け入れられない」様子もうかがえるな。

ヒント　どうやら「母さんが同じことを何度も言ったこと」が「閉口の理由」のようだ。

3 語彙力アップ❶ 意味を確認しよう！

閉口…❶困ったりうんざりすること。❷言葉に詰まること。

4 語彙力アップ❷ 仕上げのミッション！

今回出てきた言葉を使って文を作成してみよう。「主語と述語の対応」「状況や内容を説明しているか」「句読点を打っているか」などに気をつけて、相手に通じるように書こう。言葉の形は変わっても大丈夫だよ（例：うかがう→うかがった）。

答えは199ページ

シークレット・ミッション！

日常の中で「閉口」した出来事を思い浮かべてみよう！

70 偏重（へんちょう）

1 推測力アップ① **まずは、マンガで推測！** どういう状況を表す言葉なのか、イメージしながら読もう。

2 推測力アップ② **入試に出た文章に挑戦！**（主な出題校　浦和明の星中学校）

前後の内容を手がかりにして、意味を推測しよう。

私自身、陸上部出身で、陸上競技場のグラフィカル（視覚的）な美しさにぞくぞくしたものですが、今思えば、あの空間は恐ろしいほど視覚偏重の空間だったことになります。

（伊藤亜紗『目の見えないアスリートの身体論』／潮新書）

手がかりはココ！

私自身、陸上部出身で、陸上競技場のグラフィカル（視覚的）な美しさにぞくぞくしたものですが、今思えば、あの空間は恐ろしいほど視覚偏重の空間だったことになります。

ヒント 陸上競技場のことだね。

3 語彙力アップ❶ 意味を確認しよう！

偏重…ある特定のものだけに重きを置くこと。

4 語彙力アップ❷ 仕上げのミッション！

今回出てきた言葉を使って文を作成してみよう。「主語と述語の対応」「状況や内容を説明しているか」「句読点を打っているか」などに気をつけて、相手に通じるように書こう。言葉の形は変わっても大丈夫だよ（例：うかがう→うかがった）。

答えは200ページ

ヒント 視覚だから「目」に関することだね。そして、「視覚的」な「美しさ」とあるので、目で見たものだけ、ということだね。

シークレット・ミッション！

「偏重」という言葉を使って会話をしてみよう。

その1 次の文を読み、（　）の中から正しい語句に○をつけましょう。

◆今日もテストで0点を取った彼に思わず（開・閉）口する。

◆悪いことはしていないのに理不尽に怒られるのは（妥当・不当）な扱いだ。

◆困難にぶつかっても「余裕で楽勝」と思うのが僕の（美学・勉学）だ。

◆科学で証明されたことは、（普遍・普及）的な考えであるといえる。

◆スマートフォンやパソコンなどの電子機器の（普遍・普及）率は高い。

その2 言葉と意味が正しい組み合わせになるように、線で結びましょう。

拍車(はくしゃ)をかける

俯瞰(ふかん)

不意に

引け目

偏重(へんちょう)

高い所から広く見渡(みわた)すこと

物事の進行をおし進める

相手に対して自分が劣(おと)っていると考えること

ある特定のものだけに重きを置くこと

予想していない事態(じたい)が突然(とつぜん)起きること

答えは200ページ

71 彷彿（ほうふつ）

1 推測力アップ① まずは、マンガで推測！ どういう状況を表す言葉なのか、イメージしながら読もう。

先生
はい宿題！
カオリちゃんは本当にコツコツ努力するね
君を見ていると努力して第一志望に合格した昨年の卒業生を思い出すなあ

ヒロ君は「ドラ●もん」に出てくるあの子かなぁ
俺は!?

さあ、もう少し！

2 推測力アップ② 入試に出た文章に挑戦！（主な出題校　市川中学校）

前後の内容を手がかりにして、意味を推測しよう。

簡単に得点が入らないようにするためのオフサイドの導入は、すぐに決着をつけたくないという中世の祝祭フットボールの発想に通ずると中村は見る。実際、初期の近代フットボールでは中世の祝祭フットボールを彷彿させる要素が残っていたようだ。例えば、ゴールラインやサイドラインが必ずしも明確に引かれていなかったため、観客がしばしばゴールやフィールド内に乱入し、時として競技者と観客の区別が曖昧だったらしい。

（鈴木透『スポーツ国家アメリカ』／中公新書）

手がかりはココ!

簡単に得点が入らないようにするためのオフサイドの導入は、すぐに決着をつけたくないという中世の祝祭フットボールの発想に通ずると中村は見る。実際、初期の近代フットボールでは中世の祝祭フットボールを彷彿させる要素が残っていたようだ。例えば、ゴールラインやサイドラインが必ずしも明確に引かれていなかったため、観客がしばしばゴールやフィールド内に乱入し、時として競技者と観客の区別が曖昧だったらしい。

「実際」とあるのでこれより後ろは具体例だ。

「例えば」より後ろは何の「具体例」かな?

3 語彙力アップ① 意味を確認しよう!

彷彿…違うものなのによく似ていること。見る人にイメージさせること。

4 語彙力アップ② 仕上げのミッション!

今回出てきた言葉を使って文を作成してみよう。「主語と述語の対応」「状況や内容を説明しているか」「句読点を打っているか」などに気をつけて、相手に通じるように書こう。言葉の形は変わっても大丈夫だよ(例:うかがう→うかがった)。

答えは200ページ

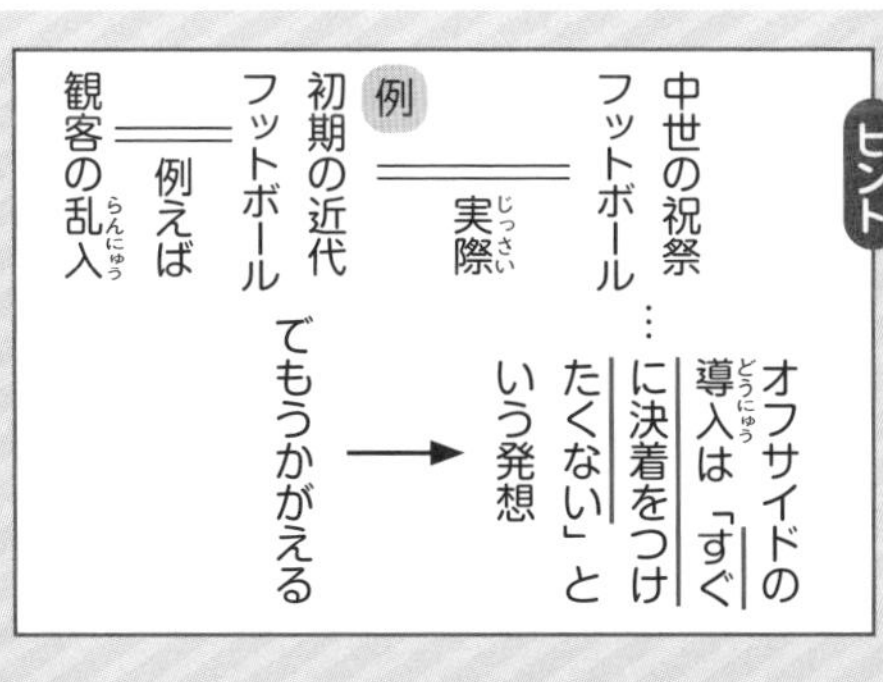

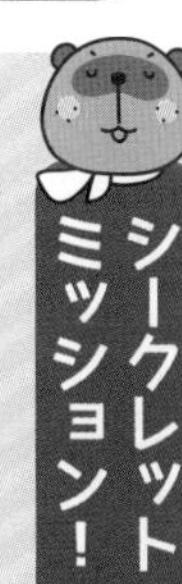

「彷彿」という言葉を使って会話してみよう。

72 墓穴を掘る（ぼけつをほる）

1 推測力アップ❶ **まずは、マンガで推測！** どういう状況を表す言葉なのか、イメージしながら読もう。

2 推測力アップ❷ **入試に出た文章に挑戦！**（主な出題校　開成中学校）

前後の内容を手がかりにして、意味を推測しよう。

「Kさんって、中学ん時、楽しかった？」気がつくとそんな質問をしていた。Kさんに自分の故郷をバカにされたと思ったのかもしれない。Kさんがとつぜん表情を暗くする。（中略）「ちゅ、中学の時の友達と今でも会う？」慌ててしまって、ますます墓穴を掘った。

（吉田修一『つまんない』／ポプラ社『とっさの方言』所収）

手がかり はココ！

「Kさんって、中学ん時、楽しかった？」気がつくとそんな質問をしていた。Kさんに自分の故郷をバカにされたと思ったのかもしれない。Kさんがとつぜん表情を暗くする。（中略）「ちゅ、中学の時の友達と今でも会う？」慌ててしまって、ますます墓穴を掘った。

ヒント それなのにまた「中学」について聞いてしまったんだね。「ますます」失敗してしまったね。

ヒント Kさんの反応を見るかぎり、「中学」に関する質問がダメだったのかな。

3 語彙力アップ❶ 意味を確認しよう！

墓穴を掘る…自分の行動が直接の原因となってよくない結果や不利な状況を導く。

4 語彙力アップ❷ 仕上げのミッション！

今回出てきた言葉を使って文を作成してみよう。「主語と述語の対応」「状況や内容を説明しているか」「句読点を打っているか」などに気をつけて、相手に通じるように書こう。言葉の形は変わっても大丈夫だよ（例：うかがう→うかがった）。

答えは200ページ

「墓穴を掘った」など形を変えても大丈夫。

シークレット・ミッション！
「墓穴を掘る」に関するエピソードをおうちで話し合ってみよう。

73 本質（ほんしつ）

1 推測力アップ❶ まずは、マンガで推測！

どういう状況を表す言葉なのか、イメージしながら読もう。

聞いたことのある言葉かも？

どうしたの元気ないじゃん
ジュンとケンカしちゃってさぁ…
まぁまぁ昔から「ケンカするほど仲が良い」というじゃない
そうだけど…
それに「仲直りのないケンカもない」と先生は思うよ
いいこと言う！

2 推測力アップ❷ 入試に出た文章に挑戦！

（主な出題校　桜蔭中学校）

前後の内容を手がかりにして、意味を推測しよう。

このように旅とは予定調和に終わらず、その場の状況や判断によって内容が次々と更新されていくのを本来の姿としている。よくいえば放浪、悪くいえば行き当たりばったりこそ、旅の本質だ。

（角幡唯介『エベレストには登らない』／小学館）

ヒント

旅…その場の状況や判断によって内容が更新＝本来の姿＝⊕にいえば　放浪＝⊖にいえば　行き当たりばったり＝本質

手がかりはココ！

このように旅とは予定調和に終わらず、その場の状況や判断によって内容が次々と更新されていくのを本来の姿としている。よくいえば放浪、悪くいえば行き当たりばったりこそ、旅の本質だ。

ヒント「予定調和」の意味がわからなくとも、続く文の内容からわかりそうだね。

ヒント 旅においては「予定を定めておかないこと」が「本来の姿」みたいだ。話をまとめると右下のヒントのようになるな。

3 語彙力アップ❶ 意味を確認しよう！

本質…そのものの本来の姿。そのものになくてはならないもの。

さらに語彙力アップ！

● 放浪…あてもなく歩き回ること。

4 語彙力アップ❷ 仕上げのミッション！

今回出てきた言葉を使って文を作成してみよう。「主語と述語の対応」「状況や内容を説明しているか」「句読点を打っているか」などに気をつけて、相手に通じるように書こう。言葉の形は変わっても大丈夫だよ（例：うかがう→うかがった）。

答えは200ページ

シークレット・ミッション！

勉強の「本質」について考えてみよう。おうちの人に教えてあげようね。

74 漫然（まんぜん）

1 推測力アップ① まずは、マンガで推測！

どういう状況を表す言葉なのか、イメージしながら読もう。

今日も がんばろう！

2 推測力アップ② 入試に出た文章に挑戦！

（主な出題校　女子学院中学校）

前後の内容を手がかりにして、意味を推測しよう。

> 便利に、快適になった。が、そうしたシステムに漫然とぶら下がっているうち、「つくる」という、生きる基本となる能力を損なってしまった。
>
> （鷲田清一『濃霧の中の方向感覚』／晶文社）

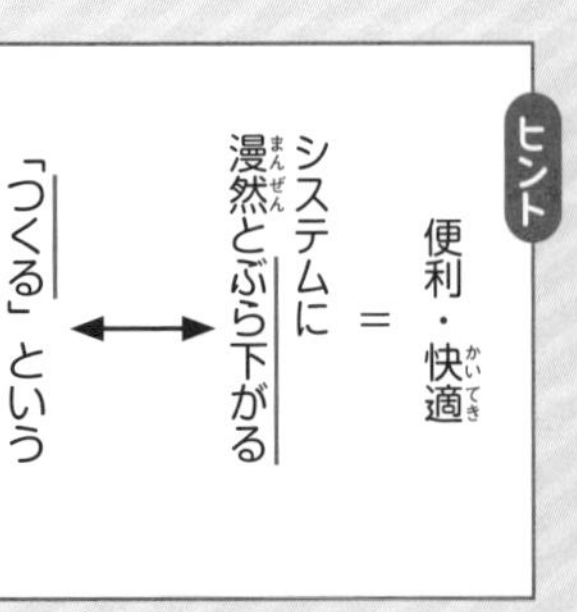

手がかりはココ！

便利に、快適になった。が、そうしたシステムに漫然とぶら下がっているうち、「つくる」という、生きる基本となる能力を損なってしまった。

ヒント　「そうしたシステム」は、直前の「便利・快適」を指しているようだぞ。

ヒント　「漫然」としているうちに、「生きる基本能力」をなくしてしまったようだ。「漫然」ってどんな意味だろう？

3 語彙力アップ① 意味を確認しよう！

漫然：特別な意識や目的のないまま何かをする様子。

4 語彙力アップ② 仕上げのミッション！

今回出てきた言葉を使って文を作成してみよう。「主語と述語の対応」「状況や内容を説明しているか」「句読点を打っているか」などに気をつけて、相手に通じるように書こう。言葉の形は変わっても大丈夫だよ（例：うかがう→うかがった）。

答えは200ページ

シークレット・ミッション！

「漫然」という言葉を会話の中で使ってみよう。

75 密接（みっせつ）

漢字から想像できるかな？

1 推測力アップ① まずは、マンガで推測！

どういう状況を表す言葉なのか、イメージしながら読もう。

心の状態と試合の結果は強く関係がある…
なるほど
難しいことを考えてるね
どんな本読んでるの？
サッカーのコーチにすすめられたメンタルトレーニングの本！
へぇ！
メンタルトレーニング
ちなみに漢字テストの結果と宿題の状態も強く関係しているけど…
ダッ

2 推測力アップ② 入試に出た文章に挑戦！

（主な出題校　浦和明の星中学校）

前後の内容を手がかりにして、意味を推測しよう。

日本人が、春の花見、秋の月見などの季節ごとの美の鑑賞を、年中行事として特に好んで今でも繰り返しているのも、そのためであろう。実際、清少納言が的確に見抜いたように、日本人にとっての美とは、季節の移り変わりや時間の流れなど、自然の営みと密接に結びついている。

（高階秀爾『日本人にとって美しさとは何か』／筑摩書房）

ヒント

季節ごとの美の鑑賞
＝
例
春の花見・秋の月見
＝実際
季節の移り変わり
時間の流れ
＝
美は自然の営みとの密接なつながり

手がかり はココ！

日本人が、春の花見、秋の月見などの季節ごとの美の鑑賞を、年中行事として特に好んで今でも繰り返しているのも、そのためであろう。実際、清少納言が的確に見抜いたように、日本人にとっての美とは、季節の移り変わりや時間の流れなど、自然の営みと密接に結びついている。

ヒント
「など」がある場合は、具体例の可能性！　それを使っていいたいことは「季節ごとの美の鑑賞」だ。

ヒント
「とは」があるから後ろで「日本人にとっての美」が説明されるよ。「など」を意識すれば大切な部分は「自然の営み」だとわかるね。僕たちとどのように結びついているのかな。

3 語彙力アップ❶ 意味を確認しよう！

密接…関係が強さ、深さをもつこと。

4 語彙力アップ❷ 仕上げのミッション！

今回出てきた言葉を使って文を作成してみよう。「主語と述語の対応」「状況や内容を説明しているか」「句読点を打っているか」などに気をつけて、相手に通じるように書こう。言葉の形は変わっても大丈夫だよ（例：うかがう→うかがった）。

答えは200ページ

シークレット・ミッション！
「密接」に関連のある話をおうちの人としてみよう。

76 銘打つ（めいうつ）

「名」に関係ありそうだね

1 推測力アップ① **まずは、マンガで推測！** どういう状況を表す言葉なのか、イメージしながら読もう。

この間パスタを食べに行ったんだよ
たらこ
おはし
「本格イタリアン」って書いてあったのに
出てきたの和風だったんだよね…
僕もこの間「インドの味」ってカレー屋さんに行ったら日本のカレーだったな…
カレーライス
二人ともキャッチコピーにまどわされたね…

2 推測力アップ② **入試に出た文章に挑戦！**（主な出題校　聖光学院中学校）

前後の内容を手がかりにして、意味を推測しよう。

もし論文と**銘打つ**ならば、少なくとも「論」がなくてはならない。そして、「論」を有効にするための証拠としての事実調査すなわち報告がなくてはならない。

（加地伸行『中国哲学史研究ノート』／大阪大学）

手がかりはココ！

もし論文と銘打つならば、少なくとも「論」がなくてはならない。そして、「論」を有効にするための証拠としての事実調査すなわち報告がなくてはならない。

「論文」について必要なものが説明されているね。

3 語彙力アップ❶ 意味を確認しよう！

銘打つ…大げさな名称をつける。うたい文句をかかげる。

4 語彙力アップ❷ 仕上げのミッション！

今回出てきた言葉を使って文を作成してみよう。「主語と述語の対応」「状況や内容を説明しているか」「句読点を打っているか」などに気をつけて、相手に通じるように書こう。言葉の形は変わっても大丈夫だよ（例：うかがう→うかがった）。

答えは200ページ

シークレット・ミッション！

「銘打つ」という言葉を使って会話してみよう。

77 明確化（めいかくか）

あと４つ！

1 推測力アップ① まずは、マンガで推測！

どういう状況を表す言葉なのか、イメージしながら読もう。

2 推測力アップ② 入試に出た文章に挑戦！

（主な出題校　市川中学校）

前後の内容を手がかりにして、意味を推測しよう。

中世のフットボールが事実上の無法地帯で行われていたとすれば、近代の校庭フットボールでは粗暴性を抑制するとともに、それに違反した場合に罰則を科すなどの措置を講じなくてはならなくなってくるのだ。つまり、競技規則や反則という概念の明確化も、フットボールの近代化を象徴していたのである。

（鈴木透『スポーツ国家アメリカ』／中公新書）

ヒント

中世のフットボール … 概念がない ＝ 事実上の無法地帯

↔

近代の校庭フットボール … 競技規則 反則 ＝ 概念の明確化

手がかりはココ！

中世のフットボールが事実上の無法地帯で行われていたとすれば、近代の校庭フットボールでは粗暴性を抑制するとともに、それに違反した場合に罰則を科すなどの措置を講じなくてはならなくなってくるのだ。つまり、競技規則や反則という概念の明確化も、フットボールの近代化を象徴していたのである。

ヒント 「中世」＝無法地帯（ルールがない）」と「近代」＝ルールを設けた」が比べられているぞ。

ヒント 「つまり」はどんな働きをもつ言葉かな？ 前と後ろが同じ内容になるんだったね。前の文章にあるように、中世とは異なり、しっかりとルールという考えを形作ったんだね。

3 語彙力アップ❶ 意味を確認しよう！

明確化…はっきりと区別すること。

さらに語彙力アップ！

- 粗暴…あらあらしい。
- 措置…事態に応じた手続き。
- 概念…考え。

4 語彙力アップ❷ 仕上げのミッション！

今回出てきた言葉を使って文を作成してみよう。「主語と述語の対応」「状況や内容を説明しているか」「句読点を打っているか」などに気をつけて、相手に通じるように書こう。言葉の形は変わっても大丈夫だよ（例：うかがう→うかがった）。

答えは200ページ

シークレット・ミッション！

「明確化」や「明確」を自然な形で会話の中で使ってみよう。

78 優雅（ゆうが）

1 推測力アップ①

まずは、マンガで推測！ どういう状況を表す言葉なのか、イメージしながら読もう。

テストが始まる前に復習しなきゃ！
ふっふっふ
おじょうさんそんなにあわてなさんな
いきなりどうしたの…
なぞのキャラ変…
人生はあわてず参りましょうぞ
いや、テスト前くらいあわてなよ！

「優」という字だね。いい意味かな？

2 推測力アップ②

入試に出た文章に挑戦！（主な出題校　海城中学校）

前後の内容を手がかりにして、意味を推測しよう。

ふいに、上からくるくると優雅に回りながら落ちてくるものがある。なんだろう、カエデの種かなと思って拾い上げる。ブナの木の小枝だ。左右交互に少しねじれてついた葉が、プロペラのような回転の力を生み出していたのだろう。

（齋藤亜矢『要、不要』／岩波書店『ルビンのツボ』所収）

ヒント

手がかりはココ！

ふいに、上からくるくると優雅に回りながら落ちてくるものがある。なんだろう、カエデの種かなと思って拾い上げる。ブナの木の小枝だ。左右交互に少しねじれてついた葉が、プロペラのような回転の力を生み出していたのだろう。

ヒント わからない言葉が出てきたら、まずはプラスかマイナスか考えてみるといいね。

ヒント どうやら、小枝の「ふつうとは違う落ち方」が「優雅」だということだね。

ヒント 落ちてきたのは小枝だったんだね。

3 語彙力アップ❶ 意味を確認しよう！

優雅…❶行動が上品な様子。❷ゆとりがあって、うらやましく思う様子。

さらに語彙力アップ！

類 優美

4 語彙力アップ❷ 仕上げのミッション！

今回出てきた言葉を使って文を作成してみよう。「主語と述語の対応」「状況や内容を説明しているか」「句読点を打っているか」などに気をつけて、相手に通じるように書こう。言葉の形は変わっても大丈夫だよ（例：うかがう→うかがった）。

答えは200ページ

シークレット・ミッション！

「優雅」なふるまいをしてみよう。

79 悠然（ゆうぜん）

1 推測力アップ① **まずは、マンガで推測！** どういう状況を表す言葉なのか、イメージしながら読もう。

2 推測力アップ② **入試に出た文章に挑戦！**（主な出題校　麻布中学校）

前後の内容を手がかりにして、意味を推測しよう。

走りたいんだな、と少年は呟いた。私は、走りたいんだよ、と彼に聞こえていなくてもいいと思いながら、同じことを言った。ガゼルは悠然と草を食んでいた。

（津村記久子『河川敷のガゼル』／新潮社『サキの忘れ物』所収）

手がかりはココ！

走りたいんだな、と少年は呟いた。私は、走りたいんだよ、と彼に聞こえていなくてもいいと思いながら、同じことを言った。ガゼルは悠然と草を食んでいた。

ヒント　「少年」と「私」が、ガゼルに思いを寄せていることがうかがえるね。

ヒント　「は」があるから「対比」だぞ。「人間」と「ガゼル」の対比だ。思いを寄せている人間と、それを気にせず自然体で過ごしているガゼルがイメージできたかな。

3 語彙力アップ① 意味を確認しよう！

悠然…ふつうだったらあわてるようなところでも、何も気にしないというように過ごすこと。

4 語彙力アップ② 仕上げのミッション！

今回出てきた言葉を使って文を作成してみよう。「主語と述語の対応」「状況や内容を説明しているか」「句読点を打っているか」などに気をつけて、相手に通じるように書こう。言葉の形は変わっても大丈夫だよ（例：うかがう→うかがった）。

答えは200ページ

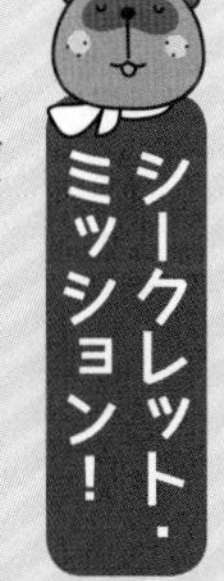

シークレット・ミッション！

「悠然」という言葉を会話の中で使ってみよう！

80 余儀なくされる（よぎなくされる）

1 推測力アップ❶ **まずは、マンガで推測！** どういう状況を表す言葉なのか、イメージしながら読もう。

あれ、先生何か疲れてない？
実は、財布も定期も忘れて家から歩いてきたんだよね…
帰りも1時間近く歩いて帰らなきゃ…
先生のミスだからしかたないね！
えらそうに

2 推測力アップ❷ **入試に出た文章に挑戦！**（主な出題校　麻布中学校）

前後の内容を手がかりにして、意味を推測しよう。

いきなり引っ越すのだと聞かされたとき、一番抵抗したのはこのヒナコだ。遠くなっても高校は変えずにすんだミオとはちがい、転校を余儀なくされたのだ。

（安東みきえ『天のシーソー』／ポプラ文庫ピュアフル）

手がかりはココ！

いきなり引っ越すのだと聞かされたとき、一番抵抗したのはこのヒナコだ。遠くなっても高校は変えずにすんだミオとはちがい、転校を余儀なくされたのだ。

ヒント ミオ「は」転校しなくてもすんだんだね。じゃあ、ヒナコは？

3 語彙力アップ① 意味を確認しよう！

余儀なくされる…他に方法がなく、やむを得ないことを強いられる。

さらに語彙力アップ！

●**やむを得ず**…しかたなく。

4 語彙力アップ② 仕上げのミッション！

今回出てきた言葉を使って文を作成してみよう。「主語と述語の対応」「状況や内容を説明しているか」「句読点を打っているか」などに気をつけて、相手に通じるように書こう。言葉の形は変わっても大丈夫だよ（例：うかがう→うかがった）。

答えは200ページ

シークレット・ミッション！

「余儀なくされる」という言葉を会話で使ってみよう。自然にね！

チェックテスト 8

語彙(ごい) 71〜80

その1 次の文を読み、（　　）にふさわしい言葉を、語群(ごぐん)の中から記号で選びましょう。

◆朝寝坊(あさねぼう)したのに（　　）と朝食を食べている姿(すがた)に驚(おどろ)く。

◆努力と結果は（　　）に関わっていると思う。

◆今日はいまひとつ集中できず、（　　）としたまま本を読んでしまった。

◆生きることの（　　）は、自分の好きなことを見つけることだ。

◆彼(かれ)の暴力的(ぼうりょくてき)な姿(すがた)は、あのキャラクターを（　　）させる。

ア 悠然(ゆうぜん)　イ 本質(ほんしつ)　ウ 漫然(まんぜん)　エ 密接(みっせつ)　オ 彷彿(ほうふつ)

その2 次の文を読み、（　　）の中から正しい語句に○をつけましょう。

◆「二十四時間耐久勉強大会」と（釘・銘）打って、勉強会を開く。

◆まずは自分のやるべきことをしっかりと（明確・明朗）化することが大事だ。

◆あのスポーツ選手は、ケガにより引退を（律儀・余儀）なくされた。

◆朝はコーヒーをゆっくり味わう（優雅・優秀）な時間を作るようにしている。

◆口をすべらせてしまい、（墓穴・風穴）を掘ることになってしまった。

答えは201ページ

その1 次の文を読み、（　）にふさわしい言葉を、語群の中から記号で選びましょう。

この事件は、憎しみの気持ちから生まれたものだと（　）した。（　）言えることではないが、どんな気持ちがあろうとも、人に暴力をふるってはいけないだろう。僕は彼が犯人であると（　）証拠を集めた。見た目は小さくても頭脳が大人な僕を（　）ことはできない。（　）口調で彼にその証拠をつきつけた。

ア 裏付ける　イ 解釈　ウ 欺く　エ 一概に　オ 有無を言わせない

その2 次の文を読み、（　　）にふさわしい言葉を、語群の中から記号で選びましょう。

知識というものは人から教わることが多い。それは人間関係の（　　）ともいえる。

しかし、自分のもっている知識に対して「なんでそうなるの？」と問われると実は言葉にできない（　　）な部分も多いことに気づかされる。もしかすると、自分の言葉できちんと説明できる知識は（　　）かもしれない。だから、自分の知識を（　　）的にみることが必要だ。また、その知識も実は誤った情報が（　　）した、事実ではないものである可能性がある。

ア 曖昧　イ 懐疑　ウ 介在　エ 恩恵　オ 皆無

答えは201ページ

その1 次の文を読み、（　）にふさわしい言葉を、語群（ごぐん）の中から記号で選びましょう。

「おかしいなぁ……」と（　）。なんで今日のテストでうまくいかなかったんだろう。友達にバカにされたときの気持ちを思い出して（　）。がんばってもできないことはあるんだなあ……。もう、努力するのやめちゃおうかな。そんな考えが頭をよぎった。けれど、（　）。そんなこと、考えちゃだめだ。（　）にふるまおうとするが、気持ちが全て回復（かいふく）したわけではない。僕（ぼく）は（　）しかできなかった。

ア 首をかしげる　イ 顔をしかめる　ウ かぶりを振（ふ）る　エ 苦笑（くしょう）　オ 気丈（きじょう）

その2 次の文を読み、（　）にふさわしい言葉を、語群の中から記号で選びましょう。

身の回りにあるものを（　）的に見てみると、（　）されたものであふれていることに君は気づいているだろうか。（　）的にいうならば、スーツや制服、体操服などがそうだろう。確かに、管理する側の（　）から考えると、それによって統一感や一体感などを育むことができるというよいところがあるのだろう。けれど、（　）することも大事だ。それにより、個性が失われているかもしれない、ということを。

ア 画一化　イ 客観　ウ 具体　エ 観点　オ 警戒

答えは201ページ

チェックテスト 11

その1 次の文を読み、（　）にふさわしい言葉を、語群の中から記号で選びましょう。

「はぁ〜」思わずため息が出る。背中のランドセルの中で、通知表が眠っている。なんで大人は通知表の結果に（　）するのだろう。頭がいい人に（　）してしまう。私はそのへんに破り捨てたくなる（　）にかられながらも、いろいろな思いをかかえて家に帰った。

「おかえりなさい。雨降ってなかった？」母はそう言うなり、両手をこちらに出す（　）を見せた。通知表を見せて、ということなのだろう。私は（　）をしながら、のろのろとランドセルを開けた。

ア 嫉妬　イ 生返事　ウ 固執　エ そぶり　オ 衝動

その2 次の文を読み、（　）にふさわしい言葉を、語群の中から記号で選びましょう。

世の中はだれかと比べる（　）評価が多い。たとえば、テストや入試などもそうである。しかし、それによって劣等感を抱き、自信を（　）してしまうのはさけたほうがいい。そうならないためにも、自分自身を（　）評価する視点をもつことが重要だ。（　）にいえば、自分の成長点をほこることだ。他のだれか、ではなく、過去の自分を（　）に考えるのだ。

ア 絶対　イ 端的　ウ 前提　エ 相対　オ 喪失

答えは201ページ

チェックテスト⑫

語彙61〜80

その1 次の文を読み、（　）にふさわしい言葉を、語群の中から記号で選びましょう。

「今年から我が家はお年玉に税金をかけることにします」と母が宣言した。そんな（　）なことが許せるものか！と抵抗したが、母の理路整然とした説明に論破されてしまい、何も言えなくなった僕は（　）してしまった。その様子に（　）を感じたのか、父が間に入ってくれた。

「まぁまぁ、いきなりだとさ……」僕に味方する声が聞こえて緊張がゆるみ（　）涙が出そうになった。しかし、母は父にも容赦なかった。結果的に、父は自分のお小遣いに税金をかけられしまい、懐のさみしい生活を（　）のだった。

ア 不当　イ 引け目　ウ 不意に　エ 閉口　オ 余儀なくされる

その2 次の文を読み、（　）にふさわしい言葉を、語群の中から記号で選びましょう。

「読書をすれば読解力が上がる」という言葉をよく耳にする。確かに、そのとおりだと思うが、読書が読解力の全てを支えるというのは少し（　）した考え方だろう。読書の効果というのは、語彙力を育むだけでなく、自分の知識を（　）して、自分に足りない考えを補うことだ。ただ（　）と読んではいけない。きちんと目的を（　）しながら読むこと。それが読書の（　）だ。

ア 明確化　イ 本質　ウ 俯瞰　エ 偏重　オ 漫然

答えは201ページ

答え（解答例）

01 曖昧（あいまい）

どうも興奮している兄が言うことは曖昧で、何が言いたいのか僕にはよくわからない。

02 欺く（あざむく）

自分の気持ちを欺いてはいけない。僕は自分の気持ちに素直になって、やりたいことをやろう。

03 萎縮（いしゅく）

あこがれのサッカー選手を前にプレーをすることになり、僕は萎縮してしまった。

04 いたずらに

今日こそたまっていた宿題をやろうと思っていたのに、結局夜までだらだら過ごし、いたずらに時間を使ってしまった。

05 いたたまれない

買い物をしていてレジまで進んだところでようやく財布を忘れたことに気づき、いたたまれなくなった。

06 一概に（いちがいに）

自分の良いところや悪いところを、一概には言えない。人間は一言で言えるほど簡単な生き物ではない。

07 逸脱（いつだつ）

なぜか彼は腕時計を両腕につけている。常識を逸脱している行動だともいえる。

08 うかがう

なるべく怒られないようにと、母の宝物を壊してしまったことを言い出すタイミングをうかがっている。

09 うかつ

塾に着いてから筆記用具やテキストを忘れたことに気づくなんて、私はうかつだ。

10 有頂天（うちょうてん）

はじめて作ってみたプラモデルがとても上手にできた。周りからもほめられて、僕は思わず有頂天になった。

チェックテスト1

その1

曖昧……………はっきりしないこと
欺く……………相手をだます
萎縮……………縮こまったり、元気がなくなったりすること

いたずらに……無駄に。むなしく

いたたまれない…その場にじっとしていられない

その2

（右から順に）○　×　○　×　×

11 うつろう

日本には春夏秋冬という四季があるので、季節のうつろいがよく感じられる。

12 有無を言わせない（うむをいわせない）

「次の練習を無断欠席したら試合には出さないからな」と僕に言ったコーチの口調は有無を言わせないものだった。

13 裏付ける（うらづける）

彼がかげで努力していることは、彼がいつもテストで百点を取ることで裏付けられている。

14 おぞましい

友達がテストの点数で馬鹿にされているところを目にした。人が人を笑うなんておぞましいことだ。

15 恩恵（おんけい）

私たちは、科学の恩恵を受けて便利に生きることができている。

16 懐疑（かいぎ）

友達が「弟か妹がほしい」と言っていたが、一人のほうが我慢が少ないと思うので、私は友達の意見には懐疑的だ。

17 介在（かいざい）

国と国との間にはさまざまな難問が介在していることが多いのだと社会の授業で教わった。

18 解釈（かいしゃく）

友達が急に自分に冷たくなったので、自分が余計なことをしてしまい怒っているのだと解釈した。

19 かいつまむ

今日はめずらしいことがたくさん続いた。全て話すときりがないので、かいつまんで母に話そう。

20 皆無（かいむ）

兄は今日も「お前のものは俺のもの」と人のものを取り上げている。やさしさが皆無だ。

チェックテスト２

その1

（右から順に）オ　エ　ア　ウ　イ

その2

うつろう……次第に変わっていく

裏付ける……証拠で事実を証明する

おぞましい……怖（こわ）さやみにくさを感じる様子

かいつまむ……重要なところのみをとらえる

有無を言わせない…相手に物事を強いる

21 顔をしかめる（かおをしかめる）

友達から、好きな人のことでからかわれて僕は顔をしかめた。

22 画一化（かくいつか）

学校で着ている制服や体操服は画一化されたもののひとつだ。

23 かぶりを振る（かぶりをふる）

友達から遊びに誘われたが、今日はこのあと塾があるので私はかぶりを振った。

24 干渉（かんしょう）

頼んでもいないのに、「次はこの本を読みなよ」と干渉してくる友達がいる。

25 観点（かんてん）

「テストの点数を上げるために勉強をする」とは違う観点で考えてみることにする。

26 気丈（きじょう）

ジェットコースターに乗るときに怖い気持ちが生まれたが、妹の前だったので気丈にふるまった。

27 既知（きち）

既知のものだけで満足せず、まだまだ未知なものがあると考えて勉強に取り組む。

28 起伏（きふく）

最近は楽しいことや悲しいことが多いので、感情の起伏が激しくなってしまう。

29 逆説（ぎゃくせつ）

「負けるが勝ち」というのは逆説の一種だ。

30 客観（きゃっかん）

テストの結果や偏差値というものは、客観的なデータである。

チェックテスト3

その1

（右から順に）× ○ ○ ○ ×

その2

（右から順に）客観　かぶり　しかめた　逆説　画一

31 虚勢（きょせい）

テストの前に自信が持てず、「もうだめだ」と弱気になっているのに、周りに馬鹿にされないように「オレはこんなものじゃない」と虚勢を張る。

32 義理（ぎり）

人と人とのつながりには「義理と人情」というものがある。どちらが大事か、ではなくどちらも大事だ。

33 苦笑（くしょう）

ライバルだとも思っていないような人から宣戦布告をされて、思わず苦笑がもれた。

34 具体（ぐたい）

新しい運動会の取り組みについて、具体的に案を出す。

35 首をかしげる（くびをかしげる）

昨日まで元気だった友達が急に元気をなくしているので、私は首をかしげて彼女の様子を眺めた。

36 警戒（けいかい）

妹が、とっておいた僕のおやつを見つめているので警戒した。

37 怪訝（けげん）

いつもは厳しい父が急にやさしい態度をとるので、僕は怪訝な顔で父を見た。

38 険悪（けんあく）

親友と好きな人が重なったことでケンカをしてしまい、険悪な関係になってしまった。

39 高尚（こうしょう）

近所のお寺の住職さんは高尚なことを言うので、お寺が悩み相談所のようになっている。

40 効率（こうりつ）

テストでは効率よく問題を解いていく姿勢も重要だ。

チェックテスト4

その1

義理……人としてするべき行い

怪訝……あやしむこと

高尚……知性の程度が高く、気品があること

効率……作業のはかどり具合のこと

虚勢……弱みを隠すため、勢いがあるように見せること

その2

（右から順に）首　苦笑　具体　険悪　警戒

41 固執（こしつ）

「たまには勉強をしたほうがいいよ」と言ってみたが、友達は自分の趣味を優先することに固執している。

42 懇願（こんがん）

友達が犬を飼い始めたのを見て自分もどうしても犬が飼いたいと思い、両親に懇願した。

43 根拠（こんきょ）

文章読解の問題では、根拠をもって解くことが大事だ。

44 嫉妬（しっと）

散歩係の自分より、ご飯係の姉のほうが飼い犬に好かれているので、姉に思わず嫉妬してしまう。

45 象徴（しょうちょう）

ハトが平和の象徴であるならば、笑顔は友好の象徴だろうか。

46 衝動（しょうどう）

突然「鉄道王になる！」という衝動にかられ、僕は鉄道に関する勉強をはじめることにした。

47 人工的（じんこうてき）

世の中には人工的に作られたものが多く、自然ならではのものは意外に少ない。

48 甚大（じんだい）

プラスチックのゴミが海洋生物にあたえる甚大な被害のことを、私たちはよく考えるべきだ。

49 席巻（せっけん）

その昔、「たまごっち」という世の中を席巻した携帯育成ゲームがあった。

50 絶対（ぜったい）

「世の中に絶対ということはない」というのは多くの偉人が証明した事実だ。

チェックテスト5

その1

（右から順に）○　×　×　○　○

その2

（右から順に）エ　ウ　ア　イ　オ

51 前提（ぜんてい）

私の友達は「友達になる前提条件」として「やさしいこと」と「おもしろいこと」を挙げている。

52 鮮明（せんめい）

楽しい記憶というものは、何歳になっても鮮明に思い出せるものだ。

53 喪失（そうしつ）

親友の転校は、自分にとっての支えを喪失した出来事だった。

54 相対（そうたい）

りんごとバナナを相対的に見ることで特徴をつかむ。

55 そぶり

仲間に入りたそうなそぶりで物かげからこちらを見ている弟を発見した。

56 高笑い（たかわらい）

映画館でポップコーンを買ってすぐ転んでしまい、床に全てこぼした母を見て高笑いした。

57 端的（たんてき）

校長先生の話はどうしてこんなに長いのだろう。端的に言ってほしいものだ。

58 秩序（ちつじょ）

学校でも社会でも、秩序を守ることが自分たちの安全につながるのだ。

59 抽象（ちゅうしょう）

「とにかくがんばろう」という抽象的な意見だとわかりにくいので、どうすればよいのか具体的に言ってほしい。

60 生返事（なまへんじ）

兄のところに遊びの誘いをしに行ったが、生返事ばかりでまともに相手をしてもらえなかった。

チェックテスト 6

その1

抽象……共通することがらを引き出すこと

喪失……大切なものを失うこと

相対……他と関連させることでとらえること

秩序……一定の決まり

端的……てっとり早い様子

その2

（右から順に）○ × × ○ ×

61 拍車をかける（はくしゃをかける）

昨年優勝した野球チームにさらに強い選手が入ってきたことは、チームの勢いに拍車をかけることだ。

62 美学（びがく）

算数の問題を解くときは、自分なりの美学をもって問題を解くようにしている。

63 引け目（ひけめ）

後からはじめた弟のほうが、サッカーがうまくなってしまい、引け目を感じる。

64 不意に（ふいに）

不意に話しかけられておどろいた。

65 俯瞰（ふかん）

問題が起きたら、俯瞰的に考えてみることで解決の糸口が見つかることがある。

66 普及（ふきゅう）

ここ数年で、オンラインで何かができるような仕組みが急速に普及した。

67 不当（ふとう）

僕は、「下手だから練習に来なくていい」という彼の発言は不当だと思っている。

68 普遍（ふへん）

いつの時代になっても大切なことは普遍的であるのだなと、偉人伝を読んで感じている。

69 閉口（へいこう）

弟がわがままばかりを言うので、閉口してしまう。

70 偏重（へんちょう）

「試合には勝たなくてはならない」というコーチの考えは、いささか偏重している。

チェックテスト7

その1

（右から順に）閉　不当　美学　普遍　普及

その2

拍車をかける…物事の進行をおし進める
俯瞰…………高い所から広く見渡すこと
不意に…………予想していない事態が突然起きること
引け目…………相手に対して自分が劣っていると考えること
偏重……………ある特定のものだけに重きを置くこと

71 彷彿（ほうふつ）

彼女の笑顔は、昔好きだった人を彷彿とさせる。

72 墓穴を掘る（ぼけつをほる）

あれやこれやと言い訳を並べているうちに余計なことまで言ってしまい、墓穴を掘ってしまった。

73 本質（ほんしつ）

勉強の本質は、自らの価値を高めることにある。

74 漫然（まんぜん）

ただ漫然と休日を過ごしてはならない。せっかく休みなのだから目的をもって行動したい。

75 密接（みっせつ）

読書量と語彙力は密接な関係があると先生が言っていた。

76 銘打つ（めいうつ）

世界的な大発明と銘打つ品物が、フリーマーケットで売られていた。

77 明確化（めいかくか）

文章を読むときは無意識に読むのではなく、意味がわかるところとわからないところを明確化することが大事だ。

78 優雅（ゆうが）

たまの休日くらい、優雅に過ごしたいものだ。

79 悠然（ゆうぜん）

このままだと試合に負けそうだ。でも、キャプテンである彼は「まだあわてるような時間じゃない」と悠然とした態度をしていた。

80 余儀なくされる（よぎなくされる）

彼は、家の都合で転校を余儀なくされてしまった。

チェックテスト8

その1
（右から順に）ア　エ　ウ　イ　オ

その2
（右から順に）銘　明確　余儀　優雅　墓穴

チェックテスト9

その1
（順に）イ　エ　ア　ウ　オ

その2
（順に）エ　ア　オ　イ　ウ

チェックテスト10

その1
（右から順に）ア　イ　ウ　オ　エ

その2
（右から順に）イ　ア　ウ　エ　オ

チェックテスト11

その1
（右から順に）ウ　ア　オ　エ　イ

その2
（右から順に）エ　オ　ア　イ　ウ

チェックテスト12

その1
（右から順に）ア　エ　イ　ウ　オ

その2
（右から順に）エ　ア　オ　ウ　イ

監修にあたって

中学受験専門塾ジーニアス　松本亘正

「0時間目のジーニアス」。そんな名前のYouTubeチャンネルがあります。中学受験専門塾ジーニアスでは、算数入試問題解説動画、語彙コントなど、さまざまなコンテンツを発信してきました。

語彙コントは、約500本の動画が公開されています。数か月で再生回数が1万回を超える動画も出ています。

語彙力をつけなければならないけれど、勉強をめんどうくさがる子どもにやらせるのが大変。家庭での会話が語彙力に直結することはわかっているけれど、親も忙しくてなかなか時間がとれない――そういう現代ならではの課題に向き合って、ちょっとでも楽しく楽に勉強できる方法をと考え、始めたものでした。語彙の選定、構成は私が決めたものの、コントの中身は演者の二人組にお任せしました。

さて、なぜYouTubeチャンネルの紹介をしたのかと言いますと、本書のコンセプトにも影響を与えたからです。大ヒットとなった『読解力アップ直結問題集』を前職時代に世に出した国語科の片岡先生には、新作執筆のオファーが継続的にありました。そこで、以下の三つのコンセプトを意識した本を立案しました。

❶「ちょっとでも楽しく楽に勉強できるもの」

❷「語彙は実際の入試問題の文中に登場したもの」

❸「定期的なチェックテストで定着をはかることができるもの」

本書は、そのコンセプトに沿いつつ、片岡先生の読解のメソッドを取り入れた「推測力」に焦点をあてた本となっています。本だからこそできることを実感できる仕上がりとなりました。

さてここで、片岡先生について紹介します。私どもの塾には、より生徒指導に専念し、講師の間でも切磋琢磨できる環境を求めて門を叩かれる方が毎年いらっしゃいます。彼もその一人でした。前職でも若くして中学受験部門の国語科責任者を務めていた彼が、一念発起して一兵卒として参画してくれました。新刊には目を通し、いま求められていることに感度をはたらかせ、授業や教材に反映させることを繰り返しています。塾全体の教材の充実がはかられ、負担感を過度に大きくすることなく、演習量を以前より増やすカリキュラムの改訂も主導しました。また、前述の語彙コント動画と連動した確認テストも作成し、ちょっとでも楽しく勉強できるような工夫をはかってくれています。

受験国語で問われる文章はトレンドがありますが、使用される語彙には時代を超えた共通性が見られます。

本書を読むだけでも、丸暗記ではない方法で語彙力が身につくでしょう。まるで本を読んでいくように、考えながら読み進めてもらえたらうれしいです。

おわりに

前作『読解力アップ直結問題集』は版を重ね、今もなお多くの子どもたちが手に取ってくれているようです。本当にありがたいことだと思っています。

さて、4年ぶりの新作となりました。ズイブン時間がかかったもんだネ、という声が聞こえてきそうですが、そもそも僕はもう本を書くつもりはありませんでした。

2年前、家族旅行で沖縄を訪れたときのことです。たまたま立ち寄った書店で、僕は夜に読む本を探していました。そんな折、僕を呼ぶ妻の声が聞こえてきました。声のするほうへと足を向けると、そこには笑顔で僕の本を持っている妻の姿がありました。

指導する東京から遠く離れた沖縄でのことです。本は場所や時間を超える――授業で出会えない子どもたちにも、本を通じて出会える、役に立てるんだ――ということを改めて実感しました。そして同時に、発売日にいくつもの書店を巡ってくれた父母のことや喜びのメールをくれた兄やおじの記憶をも呼び起こされました。「もう本を書くのはいい」と思っていた僕が、再び筆をとった理由でした。

執筆にあたって、実務教育出版の堀井さんには大変ご迷惑をおかけしました。断り続ける僕を見捨てることなく、何度も声をかけてくださり、ありがとうございました。学習塾ジーニアスの先生方にも大変感謝しています。常に目の前の子どもたちの学力を伸ばすことを考え、「過去の遺産」に頼ることなく日々アップデートを重ねていく先生方の姿や熱意は、同時に僕自身を鼓舞してくれる刺激でもあります。それこそが、「今のままでは現状維持にすぎない」「伸ばす方策を探し続ける」という僕の成長欲につながっています。

なかでも、今回の執筆について快諾し、企画や構成を練ってくださった松本先生にも感謝申し上げます。「積んでるエンジンが違う」と思わされることが多々ありますが、どうかそのまま僕のずっと前を行く人でいてください。僕はその背中を追いかけ続けます。

最後に、家族のみんなへ。いつも、ありがとう。感謝してもしきれません。

２０２１年７月　片岡上裕

松本亘正（まつもと ひろまさ）
福岡県出身。2004年に中学受験専門塾ジーニアスを立ち上げ、東中野校・世田谷校・自由が丘校・千歳烏山校・芝浦港南校・日吉校・川崎校・曙橋校など首都圏に校舎を展開。オリジナルのカリキュラム、教材で受験指導を行う。『合格する歴史の授業㊤㊦』『合格する地理の授業 47都道府県』（以上、実務教育出版）など著書多数。趣味は、旅行。国内47都道府県を訪れた経験を授業に活かしている。

片岡上裕（かたおか たかひろ）
岡山県出身。中学受験専門塾ジーニアス国語科講師。他塾の校舎長、中学受験コース国語科教科責任者を経て、国語の教材研究、指導に専念するため移籍。前作『読解力アップ直結問題集』（実務教育出版）はロングセラー。塾では名前の「上」の字をとって「ジョー先生」と呼ばれている。「立て、立つんだ」という声が聞こえてきそうだが、自宅ではよく寝転がっている。好物は、酒。田村秀行先生を師と仰いでいる。

装丁／山之口正和（OKIKATA）
本文デザイン・DTP・漫画・イラスト／有限会社熊アート

丸暗記しなくてもいい
語彙力アップ直結問題集

2021年8月10日　初版第1刷発行

監修者　松本亘正
著　者　片岡上裕
発行者　小山隆之
発行所　株式会社 実務教育出版
　　　　163-8671　東京都新宿区新宿 1-1-12
　　　　電話　03-3355-1812（編集）　03-3355-1951（販売）
　　　　振替　00160-0-78270

印刷／精興社　　製本／東京美術紙工

ISBN978-4-7889-1336-3　C6081
Printed in Japan